به نام خدایی که در این نزدیکی است

سریال کتاب:P2445110203
عنوان: هنر زن بودن
زیرنویس عنوان: چگونه یک زن قدرتمند باشیم؟
پدیدآورنده: پریسا نصری
ویراستاری: طناز دهقانی
شابک: ISBN: 978-1-77892-110-0
موضوع: زناشویی، ارتباط، روانشناسی
مشخصات کتاب: کتاب جلد مقوایی، سایز A5
تعداد صفحات: ۱۹۸
تاریخ نشر در کانادا: فوریه ۲۰۲۴
انتشارات در کانادا: انتشارات بین المللی کیدزوکادو

هر گونه کپی و استفاده غیر قانونی شامل پیگرد قانونی است.
تمامی حقوق چاپ و انتشار در خارج از کشور ایران محفوظ و متعلق به انتشارات می‌باشد.
Copyright @ 2024 by Kidsocado Publishing House
All Rights Reserved

Kidsocado Publishing House
خانه انتشارات کیدزوکادو
ونکوور، کانادا

تلفن: +1 (833) 633 8654
واتس آپ: +1 (236) 333 7248
ایمیل: INFO@KIDSOCADO.COM
وبسایت انتشارات: HTTPS://KIDSOCADO.COM
وبسایت فروشگاه: HTTPS://KPHCLUB.COM

قوی سیاه فرهنگ ایران
آیا تا کنون یک قوی سیاه دیده‌اید؟

آیا شما هم باور دارید که تنها قوی سفید وجود دارد؟ باور به وجود قوی سیاه شاید دور از ذهن باشد؟ شاید هنوز یک قوی سیاه به چشم ندیده‌اید؟ قبل از کشف استرالیا هیچکس نمی‌دانست که قوی سیاه وجود دارد و همه خیال می‌کردندکه امکان‌پذیر نیست اما زمان کشف استرالیا قوی سیاه که قویی بسیار زیبا و کمیاب بود دیده شد. و بسیاری از مردم باور کردند که قوی سیاه نیز وجود دارد.

و ما، یعنی خانه انتشارات کیدزوکادو، قوی سیاه را در فرهنگ ایران بوجود آوردیم. قوی سیاهی که امکان وجود و باورش سخت بود.

هم‌زبانان ما نیز شاید از وجود یک انتشارات رسمی خارج از ایران که این امکان را به پدیدآورندگان یک اثر فرهنگی برای انتشار اثرشان در سراسر دنیا بدهد و همچنین دسترسی به کتاب فارسی را به علاقمندان کتاب در سراسر دنیا آسان کند، خبر نداشتند و انتشار و تهیه کتاب فارسی از یک بستر جامع مانند قوی سیاه غیر ممکن به نظر می‌رسید.

افتخار داریم که سهم کوچکی در گسترش فرهنگ غنی‌مان داریم و امکان انتشار آثار به فارسی و هر زبان دیگری را برای اولین بار برای نویسندگان فارسی‌زبان میسر کردیم. امکان جهانی‌شدن پیام‌شان و رسیدن صدایشان به دنیا را ...

و اما برای ما غربت‌نشینان، سفارش کتاب فارسی از آمازون و یا هر وبسایت کتاب‌فروشی و دریافت‌اش درب خانه، لحظه گشودن آن بسته، بوی کتاب و ارتباط با زبان مادری بسان دیدن قوی سیاه شگفت انگیز است.

در رسالت ما یعنی، در دسترس گذاشتن سریع و آسان، آثار و فرهنگ غنی ایران و معرفی نویسندگان ایرانی به فرزندان ایران، به کتاب دوستان ایرانی و به تمام دنیا، همراه ما باشید.

بخوانید تا دنیا را احساس کنید.
Read the words feel the world.
کلاب کتاب کیدزوکادو
پیامتان را جهانی کنید.
Let The World, Reach your Words.
خانه انتشارات کیدزوکادو

قوی سیاه برگرفته از کتاب قوی سیاه نوشته نسیم طالب

«هنر زن بودن»

زن... جنس عجیبی ست!
انگار درست شده تا... روی عشق را کم کند!

من از زنانی حرف می‌زنم که نامشان معادل
معجزه
است
من از فروغ‌ها
از سیمین‌ها،
از پروین‌ها
از آهو خانم ها حرف می‌زنم
از تمام آنهایی که خریدار "ترس" نبودند
از آنهایی که چو کوه ایستادند
و نشان دادند زن بودن، بالاتر از معجزه است

هنر عشق ورزیدن

برای ساختن یک رابطه سالم و صمیمی در زندگی باید همیشه در نظر داشته باشیم که زن و مرد دو موجود متفاوت هستند اما عملاً چیزی که در زندگی‌های امروز به چشم می‌خورد نادیده انگاشتن این مهم است. در عوض هر یک از طرفین قصد بازسازی و مرمت طرف مقابل را دارند. هنگامی که شخصی رفتار متفاوت از خود بروز می‌دهد، رفتار او را نفی می‌کنیم و هنگامی که طرف مقابل حرف می‌زند و می‌خواهد کسی او را درک کرده و از او دلجویی به عمل آورد ما در مقام اصلاح بر می‌آییم اما چیزی که احتیاج دارد درک طرف مقابل و احترام است.

معمولاً انسان‌ها با یکدیگر تفاوت دارند. همه ما گاهی این جملات را عنوان کرده‌ایم که: «اگر افراد مطابق میل ما عمل می‌کردند آنها را دوست می‌داشتیم.» اما به درستی عشق چیست؟ آیا عشق فقط بدین معنی است که دیگران مانند ما فکر کنند و مثل ما عمل کنند؟! آیا عشق یعنی به عوض

گوش دادن به دیگران و احترام گذاشتن به آنها سعی کنیم به تدریج آنها را تغییر دهیم و طبق خواسته خود عمل کنیم. آیا واقعاً عشق یعنی، دوست داشتن کسی که مثل ما می‌اندیشد و مانند ما عمل می‌کند؟ نه، مسلماً این عشق نیست. عشق واقعی عشقی است بدون هیچ قید و شرط. عشقی بی‌هیچ چشم داشت و توقع. عشق زمانی معنی پیدا می‌کند که قبول کنیم تفاوت‌هایی در بین هست و به این تفاوت‌ها احترام بگذاریم. در چنین موقعیتی است که موانع از سر راه کنار خواهند رفت و در می‌یابیم که وجود این تفاوت‌ها ضروری است.

تفاوت‌ها

وقتی بپذیریم هر شخصی، رفتار خاص خود را دارد به این نتیجه می‌رسیم که افراد در طبقات مختلف قرار می‌گیرند. علم مورفولوژی «ریخت‌شناسی» انسان‌ها را به سه گروه بدنی خاص تقسیم می‌کند. افراد ورزیده و عملگرا، چاق و احساسگرا، لاغر و عقل‌گرا.

روانشناسانویژگی مختلف انسانی را به چهار گروه مختلف تقسیم‌بندی کرده‌اند: جسمانی، احساسی، فکری و غریزی.

علم نجوم قدیم به دوازده‌گونه روانشناختی انسانی اشاره دارد اما در بحث‌های اخیر، انسان را به چهارگونه حمایت‌گر، پیش‌رو، کنترل‌کننده و تحلیل‌گر تقسیم نموده‌اند.

هر فردی از چهار ویژگی برخوردار است که با وقوف به آنها سعی در پرورش آن می‌نماید. بسیاری با این دسته‌بندی مخالف هستند. چراکه عقیده دارند با قراردادن شخصی در یک گروه موجبات پیش داوری فراهم می‌گردد و ارزش افراد مورد بحث قرار می‌گیرد ودر این راستا ارزش بعضی در رتبه پایین‌تری قرار می‌گیرد. در نگاه اول این داوری به دلیل وجود تفاوت‌ها صورت می‌گیرد. ولی با نگاهی عمیق‌تر درمی‌یابیم که این داوری به دلیل نپذیرفتن تفاوت‌ها به وجود آمده است.

هنگامی که وجود تفاوت‌ها را به رسمیت بشناسیم دیگر درصدد تغییر دادن افراد برنمی‌آییم و به ارزش‌های شخصی آنها احترام می‌گذاریم و از داوری چشم می‌پوشیم.

وحدت در عین تفاوت

پذیرش تفاوت‌های روانی امکان به وجود آمدن وحدت را در اختیار ما می‌گذارد و ما به یگانگی می‌رسیم که در تعالیم دینی نیز به آن اشاره شده است و انسان در اعماق وجود خود نوعی وحدت را حس می‌کند. وحدتی که با دیگران دارد. هنگامی که فردی گرسنه را می‌بینیم از ناراحتی او ما نیز افسرده می‌گردیم گویی که فرزند خودمان گرسنه است. همه انسان‌ها قصد دارند از قید و بندهایی که آنان را از یکدیگر جدا کرده است رهایی یابند و به کثرت برسند و به ندای آنچه که درون ماست پاسخ دهند. تلاشی که فرد برای یافتن خداوند انجام می‌دهد، رؤیای ازدواج، زندگی شاد و سعادتمند و داشتن یک

خانواده خوشبخت همه و همه جزو تلاش انسان برای رهایی از این قید و بندهاست.

مثلاً فردی که به دنبال دانش می‌رود و شیفته مراد خود می‌گردد و همه چیز را در درون او می‌بیند رفته‌رفته این احساس در او بیدار می‌شود که هر آنچه هست در درون خود اوست. اینجاست که باید در وجود و کنه‌ی خود به بیداری و کنکاش برسیم.

هنگامی که مرد روحیات مردانه خود را می‌شناسد به دنبال زنی می‌رود تا محبت و صمیمیت را در او جستجو کند. چراکه این زن با او تفاوت دارد و مرد با او به کمال می‌رسد. انسان باید این تفاوت‌ها را بیابد و قبول کند.

در این راه باید تلاش زیادی به عمل آید، چراکه درک و یافتن تفاوت‌ها همیشه کار ساده‌ای نیست. شدت جذب به سوی افراد نشانگر وجود تفاوت‌های بیشتر است و این کار از کنترل ما خارج است. چون کشش و جذبه افراد قابل کنترل نیست، پس باید سعی در بهبود روابط داشته باشیم. در این کتاب به تفاوت‌های مهمی که بین زنان و مردان وجود دارد اشاره می‌شود.

بدون شک تمامی زنان نیز مانند یکدیگر نیستند اما تفاوت زن و مرد اصولی و بنیادی است. با علم به این تفاوت‌ها، اختلاف کاهش می‌یابد و سؤالات مهمی پاسخ داده می‌شود که در نتیجه بهتر شدن روابط را در بر خواهد داشت.

نگاهی دوباره به فرضیه

رابطه زناشویی، رابطه‌ای است بسیار پیچیده، چراکه بسیاری از ما گمان می‌کنیم همسر نیز مثل خود ماست. البته تا حدودی این تشابه وجود دارد، ولی تفاوت‌ها نیز بی‌شمارند. اگرفرض بر این باشد که زن و مرد یکسان هستند این امر از چهار راه بر روابط ما تأثیر منفی می‌گذارد.

۱- اعتنا کردن به دیگری دشوار می‌گردد.

وقتی انتظار داریم همسر ما نیز واکنشی مانند ما بروز دهد و اگر این کار را نکند ناراحت می‌شویم، در آن صورت ممکن است واکنش‌های او را بی‌اهمیت تلقی کنیم. گرچه قصد ما حمایت و دلجویی بوده است.

۲- کمک کردن سخت می‌شود.

شاید اگر ما همان‌گونه که دوست داریم با ما رفتار شود با همسرمان رفتار کنیم و او این عمل را توهینی به خود بداند و حس کند که ما بی‌توجه به او هستیم (مثلا شما در مواقع ناراحتی نیاز دارید که همسرتان بیشتر به شما توجه کند ولی با توجه به نوع نگاه مردان در این مساله و این‌که معمولا مردان تا زمان کم رنگ شدن ناراحتی ترجیح می‌دهند با هیچ کس حرف نزنند و در این حالت مرد با خود فکر کند تو هم از نظر احساسی مانند او هستی، این نوع عقب

نشینی مرد در مواقع ناراحتی برای زن قابل درک نیست و توهین به احساسش محسوب می‌شود.

در این حالت حس تشابه احساسی زن و مرد، عاملی می‌شود که زن یا مرد در رفع کدورت پیشگام نشوند و کمک کردن در این مرحله بسیار سخت خواهد بود.

۳- زنان بسیار دیر کسی را قبول کرده و به او اعتماد می‌کنند.

تمام مشکلات از آنجایی آغاز می‌شود که ما می‌پذیریم افراد دیگر نیز مانند ما می‌اندیشند و عمل می‌کنند. یکی از اشتباهات زنان این است که مهر و محبت مردها را با معیارهای خود می‌سنجند. مرد وقتی مسائل را براساس اولویت‌های خود می‌سنجد وجود احساسات زن نادیده گرفته می‌شود و قبول اینکه مرد، زن را دوست دارد برای او دشوار می‌گردد.

مرد عقیده دارد اگر زن خواسته مهمی داشته باشد آن را در رأس همه امور اعلام می‌کند اما زن دوست دارد این اهمیت به خواسته‌ها از سوی مرد صورت گیرد و با ندیدن این توجه ناراحت می‌شود. طرز برخورد مرد با مسائل باعث دلخوری زن و برطرف نشدن نیازهایش می‌گردد.

این وضع در اثر نادیده گرفتن یک تفاوت اصولی بین زنان و مردان است. مردان در اثر استرس و فشارهای روانی تنها به مسائل مهم می‌اندیشند و در این راه موضوعات جزئی فراموش می‌شوند و این همان چیزی است که باعث ناراحتی زن می‌شود.

زنان حتی در شرایط بحرانی به تمام کارهایی که از آنها انتظار مـی‌رود، پاسـخ می‌گویند. مثلاً در شرایط سخت کاری در اداره هرگز نیازهای شوهر را نادیـده نمی‌گیرند. از همین‌رو وقتی مردان در شرایط سخت مسائل دیگـر را فرامـوش می‌کنند از جانب زنان پذیرفته نمی‌شود و اعتماد آنها به مردان کاهش می‌یابد.

۴- برای مردان توجه کردن، درک و احترام به دیگری مشکل است.

همان‌طور که گفتم با گمان اینکه همسر شما نیز مانند شما احسـاس کـرده و رفتار می‌کند ابراز علاقه به او و درک و احترام متقابل دشوار می‌گردد.

وقتی زن حس می‌کند که دیگر شوهرش او را دوست ندارد درک این شـرایط برای مرد دشوار است. مرد همسرش را دوست دارد و چون زن عشق و علاقه او را نمی‌فهمد از او رنجشی به دل می‌گیرد. او دوست دارد همسرش نسبت به او قدردان و سپاسگزار باشد.

وقتی زن یک روز سخت کاری را پشت‌سر می‌گذارد و مرد را بی‌اعتنا می‌بینـد، او را بی‌توجه می‌نامد. زن تنها می‌خواهد مرد به حرف‌هـای او گـوش دهـد. او می‌خواهد درددل کند اما مرد سعی در حل و فصل مسائل دارد.

مرد برای این، چنین برخوردی را دارد که خود هیچ گاه احساس نمی‌کند کـه می‌خواهد با کسی فقط حرف بزنـد. وقتـی زن را ناراحـت مـی‌بینـد، احسـاس وظیفه می‌کند تا به او کمک کند. این کمک همان بررسی مشکلات اسـت نـه گوش دادن به آن. مدام حرف همسرش را قطع می‌کند و راه‌حلی ارائه می‌دهد اما با این برخورد خواسته زن تأمین نمـی‌گـردد. مـرد نیـز ناراحـت مـی‌شـود.

احساس می‌کند که همسرش قدر این کار را نمی‌داند. وجود یک ذهنیت نادرست باعث بروز این ناراحتی می‌شود.

همان‌طور که می‌دانید من در پکیج جامع زنان باهوش به طور مفصل در مورد نحوه‌ی نگاه زن و مرد به مسائل و تفاوت‌های عمده شخصیتی زن و مرد اشاره کردم و صدالبته که منشا بسیاری از این تنها ماندن‌ها و ترد شدن‌ها در زن و مرد ناشی از عدم شناخت یکدیگر است.

ما هرچه سعی کنیم که روابط خود را ارتقا دهیم، ولی نگاهی دوباره به فرضیه‌ها و ذهنیت‌های درون خود نکنیم هیچ پیشرفت قابل ملاحظه‌ای صورت نمی‌گیرد. بیشتر ناراحتی‌ها میان مردان و زنان ناشی از یک سوءتفاهم ابتدایی است. چراکه ما فرض را بر این گذاشته‌ایم که هر دو مانند هم هستیم. غافل از اینکه زن و مرد آنقدر با یکدیگر تفاوت دارند که گویی هر کدام از سیاره‌ای دیگر آمده‌اند. عدم درک و شناخت این تفاوت‌ها، باعث به ثمر نرسیدن تمامی تلاش ما برای بهبود روابط زناشویی خواهد بود.

نحوه برخورد با ناراحتی‌ها

وقتی زنان و مردان نسبت به تفاوت‌های موجود در بین خود شناخت و درک کافی نداشته باشند مشکلات عدیده‌ای بروز می‌کند. مثل نمونه‌ای که عنوان شد. این نوع مجادله، تجربه‌ای است که در بین خیلی از زنان و مردان روی داده است.

وقتی که زن از موضوعی ناراحت می‌شود، دوست دارد که احساساتش را با مرد در میان بگذارد، حرف‌هایش را بیان کند و همسرش هم کارهای او را تأیید کند، ولی مرد ناراحت می‌شود و طور دیگری عمل می‌کند. او احتیاج به مکانی آرام دارد تا مدتی فکر کند و آنچه که روی داده است را دوباره مرور کند. مردها در ذهن خود غار تنهایی دارند و برای حل مشکلات خود به این غار پناه می‌برند و خود را از همه چیز عقب می‌کشند. آنها دوست ندارند دراین زمان کسی خلوت آنها را به هم بزند.

زمانی که مرد و زن بدون در نظرگرفتن تفاوت‌های موجود بین خود سعی در کمک به یکدیگر داشته باشند، مسائل غیرضروری و جانبی دیگر پا به عرصه وجود می‌گذارد.

مسائلی که شاید هیچ تاثیری در زندگی مشترک‌شان ندارد ولی به دلیل تمرکز بر روی رنج‌های زندگی این مسائل بزرگ‌تر شده و شاید بهتر بگوییم ما به مشکلات جان می‌دهیم.

مردان به سرعت به تنهایی پناه می‌برند

وقتی مرد اتاق را ترک می‌کند زن با علم به اینکه او را ناراحت کرده احساس گناه می‌کند ولی نمی‌داند که چرا این کار را کرده است. او به طرف اتاق مرد می‌رود و با رفتاری زنانه می‌گوید: «می‌دانم که ناراحت شده‌ای اما، اجازه بده با هم صحبت کنیم و به من بگو چه احساسی داری.»

مرد هم با حالت مردانه می‌گوید: «من هیچ احساسی ندارم. فقط می‌خواهم کمی تنها باشم.» زن باز هم تلاش می‌کند تا بتواند احساسات مرد را بفهمد و به او کمک کند. کاری که تمام زنان برای کمک به دیگران انجام می‌دهند.

زن همان‌طور که دوست دارد با او رفتار بشود عمل می‌کند و به مرد می‌گوید: «می‌دانم ناراحت هستی اما می‌توانیم درباره‌اش صحبت کنیم.» ولی مرد اکنون ناراحت است و فقط دوست دارد مدتی با خود خلوت کند و زن این امکان را به او نمی‌دهد و با صدایی بلند می‌گوید: «فقط من را تنها بگذار.» با این کار زن احساس می‌کند که دیگر مرد او را دوست ندارد و با این فکر او را تنها می‌گذارد اما، در واقع مرد خیلی هم ناراحت نیست. فقط می‌خواهد کمی تنها باشد و آرامش کسب کند. زن در این فکر است که مبادا اتفاق بدی روی داده باشد. از این رو خیلی ناراحت است. چون او هنگامی به داخل اتاق می‌رود و در را به روی خود می‌بندد که بسیار عصبانی شده باشد ولی نمی‌داند که مرد این کار را برای این انجام داده است که فقط کمی ناراحت شده است.

مردان دوست دارند لحظاتی در را به روی خود ببندند و تنها باشند و خیلی زود هم در را باز کرده و بیرون می‌آیند، ولی زنان این رفتار را درک نمی‌کنند،

چراکه آنها خود به ندرت این کار را انجام می‌دهند. زن و مرد در حالی که یکدیگر را خیلی دوست دارند تنها به دلیل ناآگاهی از تفاوت‌های طبیعی زن و مرد درگیر مشاجرات و ناراحتی‌های زیادی می‌شوند. آن دو راه کمک به یکدیگر را نمی‌دانند و مشکل واقعی نشناختن تفاوت‌ها و عدم درک نیازهای مختلف طرف مقابل است.

چطور احساس پوچی بر زنان غلبه می‌کند

مریم و امیر یکدیگر را خیلی دوست دارند. حالا با وجودی که ۶ سال از ازدواجشان می‌گذرد مریم احساس پوچی می‌کند و امیر نیز انگیزه‌های خود را از دست داده است. او وقتی از سر کار به خانه برمی‌گردد به تماشای تلویزیون می‌پردازد، شام می‌خورد و بعد به خواب می‌رود. گاهی نیز با هم بیرون می‌روند ولی آنجا نیز با هم خیلی صحبت نمی‌کنند.

مریم مثل خیلی از زنان دیگر به هنگام عاشقی، بسیار زودرنج می‌گردد. وقتی او مورد عشق و احترام قرار می‌گیرد احساس خوبی دارد و خود را ارزشمند می‌داند اما اگر همسر او رفتار احترام‌آمیزی با او نداشته باشد، می‌اندیشد او را دوست ندارد و دیگر شایستگی این را ندارد که مورد علاقه شخصی قرار گیرد. مریم رنجش خود را با این منطق بیان می‌کند که اگر همسرم مرا دوست داشته باشد و به من احترام بگذارد، من سرمست از عشق و احترام می‌شوم. اگر چنین نشود، حتماً کوتاهی از من بوده است که نتوانسته‌ام لیاقت این عشق و احترام را داشته باشم و در پی این منطق و برای رفع این نقیصه می‌اندیشد:

باید برای رسیدن به عشق و علاقه دیگران به خود بیشتر مهر و محبت نشان دهم.

مریم در اوایل ازدواج خود چنین طرز تفکری را سرلوحه خود قرار داد و بعد از گذشت یک سال امیر در کار خود سخت مشغول شد و رفته رفته همسرش را نادیده گرفت. به هنگام مراجعت از کار از مسائل کاری با مریم هیچ نمی‌گفت. او می‌خواست با این روش مردانه بفهماند که همه چیز بر وفق مراد است و هیچ مشکلی وجود ندارد و به این ترتیب فاصله هر روز بیشتر و بیشتر می‌شد و این فکر در ذهن مریم نقش می‌بست که مرتکب خلافی شده که امیر را خیلی ناراحت کرده است. فکر می‌کرد خطای او باعث شده امیر او را از عشق خود محروم کند. مریم می‌اندیشید که امیر از او به شدت رنجیده است و حرفی از آن به میان نمی‌آورد. چراکه او عقیده داشت تنها راه رهایی از رنجش و کدورت‌ها، صحبت‌کردن در مورد آنهاست و چون امیر از ناراحتی خود حرفی به میان نمی‌آورد این مشکل به قوت خود باقی خواهد ماند.

مریم برای جلوگیری از وخیم‌ترشدن اوضاع عشق و محبت بی‌دریغی را نثار همسر خود می‌کرد. هرچه امیر در تأمین خواسته‌های مریم و عمل به وظایف خود کوتاهی می‌کرد، مریم بیشتر سعی در خشنودی او داشت. گاه اتفاق می‌افتاد که مریم هم ناراحت شود و پرخاش کند اما چون امیر در چنین مواقعی سکوت می‌کرد مریم بیشتر نگران می‌شد. او هر کاری که می‌توانست عشق امیر را برگرداند انجام داد اما موفقیتی در پی نداشت. از آنجایی که مریم احساس می‌کرد همسرش از نوع برخورد او رنجیده است،

سعی می‌کرد که احساسات خـود را نادیـده بگیـرد و رفتـاری غیراحساسـی و منطقی داشته باشد، گرچه گاهی کنترل خود را از دست مـی‌داد و عملکـردی احساسی از خود نشان می‌داد.

هنگامی که امیر سکوت و عقب‌نشینی می‌کـرد، مـریم از واکـنش‌هـای خـود احساس شرمساری می‌نمود و هرچه بیشتر سعی می‌کرد تا خوی زنانه خـود را سرکوب کند و این فکر در او قوت می‌گرفت که این خواسته امیر است و رفتـه رفته این احساس خجالت در او شدت پیدا مـی‌کنـد و تمایـل او بـه محبـت و خدمت بیشتر می‌شود. وقتی که این روال زندگی در طی چند سال ادامه پیدا کرد مریم به جایی رسید که دیگر عواطف زنانه خود را از دست داد و از زندگی با امیر احساس رضایت نمی‌کرد.

گاهی امیر نیز می‌اندیشید که چطور شد که زندگی آنها به اینجا رسـید و چـه بلایی بر سر عشق آنها آمد. او نیز عواطف خود را نسبت به مریم از دست داده بود و در روابط خود با او دیگر انگیزه‌ای نداشت ولی نمی‌دانسـت کـه چطـور و چه زمان این اتفاق روی داده است.

چگونه مردها به دلجویی و محبت بی‌میل می‌شوند

امیر نیز مثل خیلی از مردهای دیگر تمام حواس خـود را بـه مسائل کـاریش معطوف کرده بود. هر زمانی که مشکلی پیدا مـی‌کرد خواسـته‌هـای مـریم را نادیده می‌گرفت و در پی رفع مشکل خود بر می‌آمد. با گذشت ۶ ماه از زندگی مشترک او می‌پنداشت که هـیچ مشکلی وجـود نـدارد و تمـام خواسـته‌هـای

همسرش را پاسخ گفته است. مردان همیشه فکر می‌کنند اگر کاری برای همسر خود انجام دهند و او را خوشحال سازند، این خوشحالی ماندگار خواهد بود. امیر نیز با همین ذهینت تمام تلاش خود را به کار خود معطوف می‌دارد و از نیازهای همسرش غافل می‌شود.

اما مشکل تنها در این بخش نیست. درست مانند زن بودن، مرد بودن هم دارای نقاط ضعفی است. مریم به واسطه زن بودن هرچه کمتر محبت می‌بیند بیشتر عشق عرضه می‌دارد و مرد بودن هم حکم می‌کند که با دیدن محبت فزون‌تر علاقه خود را کمتر نمایان سازد. پنداری که در ورای این عملکرد نهفته است این است که اگر من از این همه محبت بی‌شائبه بهره می‌گیرم حتماً سزاوار آن هستم و به راحتی باید از آن استفاده نمایم. حتی اگر فداکاری بیش‌تری نیز به من ارزانی شود لزومی به جبران آن نیست. می‌توانم از خود کمتر مایه بگذارم.

یکی از دلایلی که مردان در روابط زناشویی خود اهمال می‌ورزند وجود همین امر است. وقتی مرد لبخند رضایت‌آمیز همسرش را می‌بیند و در به دست‌آوردن دل او خود را پیروز می‌داند می‌اندیشد که زن به حد کافی ارضا شده و هیچ چیزی کم ندارد پس، بی‌هیچ دلیلی محبتش نسبت به او کم و کمتر می‌شود.

با گذشت مدت زمان اندکی رابطه مریم و امیر رو به افول می‌گذارد. توجه امیر نسبت به همسرش کمتر شده ولی مریم عشق و فداکاری خود را افزایش می‌دهد و درمقابل انتظار دارد چنین رفتاری نیز دریافت کند. مریم فکر می

کند با فداکاری و محبت بیشتر این حس در امیر نیز قوت می‌گیرد، ولی افسوس که نتیجه عکس می‌شود. امیر با دریافت عشق بی‌شائبه هیچ انگیزه‌ای برای محبت بیشتر پیدا نمی‌کند، چراکه تجربه نشان داده است هرچه کمتر محبت کند، بیشتر محبت می‌بیند و مریم نیز می‌کوشد با محبت بیشتر دل وی را به دست‌آورد.

هربار که مریم محبت خود را نسبت به امیر بیشتر می‌کند تا بلکه دل او را نرم کند، این اتفاق روی نمی‌دهد و مریم ناراحت‌تر می‌شود. اینکه تا چه حد مریم خود را به زحمت می‌اندازد تا بیشتر به همسرش محبت نماید مهم نیست. مسئله حائز اهمیت این است که او همسان این محبت چیزی دریافت نمی‌کند و از امیر می‌رنجد. اینکه مریم به خاطر کمبودهای خود به امیر محبت می‌کند امری است که نمی‌تواند فراموش کند. هرچه بیشتر می‌گذرد از حس اعتماد و قدرشناسی و احترام به شوهرش می‌کاهد و دیگر توانایی ابراز عشق به او را ندارد. مریم نسبت به رنجش‌هایی که روح او را آزرده می‌سازد ناآگاه است اما گاهی اعمالی از او سر می‌زند که ناشی از همین تکدر خاطرهاست و این پدیده‌ای است که امیر کمتر توقع دیدن آن را دارد. هر وقت که امیر قصد انجام کاری را برای مریم دارد این رنجش‌های ته‌نشین شده در قلب مریم مانع از آن می‌شود که از این حرکت امیر استقبال کند و یا هر زمان که او نیاز به کمک و حمایت امیر دارد این تکدرها باعث تبدیل یک خواهش به توقعی بزرگ می‌شوند.

زن حسابگری تواناست

امیر متوجه این خصوصیت زنان نیست که آنان می‌توانند بدون اینکه محبتی دریافت کنند مهر و علاقه بیش از اندازه‌ای را ارزانی دارند. آنها فداکاری، مهربانی و محبت می‌نمایند و می‌دانند که روزی آن را دریافت می‌کنند. آنها حساب این محبت‌ها را در ضمیر خود نگاه می‌دارند و در ابراز علاقه ثابت قدم هستند. چراکه امید دارند روزی این حساب تصفیه خواهد شد.

زنان گمان می‌کنند که بالاخره روزی شوهر در حق آنها محبت کرده و مراتب امتنان خود را از دریافت این همه علاقه اعلام خواهد داشت. آن وقت است که نزد همسر خود عزیز می‌شوند و می‌توانند کمی آرامش داشته باشند. مردان در روابط زناشویی خود چنین تصوری را ندارند که شاید خرده حسابی باقی‌مانده باشد که باید بپردازند. از همین روست که مردان توقع دارند کاری را انجام دهند که ابتدا عوض آن را دریافت کرده باشند. مردان حاضر نیستند که حساب کارها ادا نشده باقی بماند. اگر حساب امتیازات زن سه برابر مرد باشد در این زمان مرد برای امتیاز بیشتر شروع به غرزدن نموده و یا از انجام کارها امتناع می‌ورزد اما زن این گذشت و فداکاری را دارد که حساب امتیازاتش ۲۰ برابر مرد شود و آنگاه تازه اقدام به غرزدن کند. هنگامی که بالاخره مریم لب به شکوه می‌گشاید امیر از او می‌رنجد، چراکه می‌اندیشد حساب نابرابری وجود ندارد. اینکه مریم از او قدردانی نمی‌کند چنین فکری را در او به وجود می‌آورد که او کوتاهی می‌نماید، بنابراین از او رنجیده‌خاطر می‌گردد. اگر همسرش از او رضایت نداشت چرا به محبت خود ادامه می‌داد؟!

امیر از شکایت همسرش می‌رنجد و انتظار دارد از وی عذرخواهی به عمل آید. در صورتی که او در کانون روابط زناشویی کمتر احساسات به خرج داده است. راه‌حل مناسب این مشکل در پذیرفتن نیازهای همسر و تأمین آن نهفته است. او باید قدرشناسی نکردن زن و آزردگی‌های خود را به بوته فراموشی سپارد و زن نیز باید بداند که به وجود آمدن وضعی نامتعادل در میزان حساب‌ها بر عهده او بوده است. زن و مرد باید با تلاشی توأم امتیازاتی برابر داشته باشند.

اگر فقط می‌دانستیم که...

با این مثال‌های عنوان شده به خوبی دریافتیم که نشناختن تفاوت‌های میان زن و مرد می‌تواند مسائل دشواری را به وجود آورد و آگاهی به آنها عملکردها و راه‌حل‌های جدیدی را در ارتباط بین این دو طلب می‌کند.

با این حرف‌ها پی می‌بریم که در جهت برآوردن خواسته‌ها و نیازهای طرف مقابل باید تصور کنیم که هر یک از ما از سیاره‌ای متفاوت پا به زمین گذاشته‌ایم. اگر شما با موجودی که از سیاره‌ای دیگر آمده است روبه رو شوید، مسلماً در پی تغییر او نخواهید بود. برای شناخت بهتر او، تفاوت‌های خود و او را مدنظر قرار می‌دهید. شناخت و درک تفاوت‌های موجود، اساس یک رابطه صمیمی و مناسب است که در پناه صبر و شکیبایی به دست خواهد آمد.

وقتی که همسر خود را با وجود تفاوت‌ها می‌پذیرید امکان رشد و شکوفایی عشقی نوین حاصل می‌شود. در فصل بعد به عوامل اصلی ایجاد یک رابطه همگون و مشترک خواهیم پرداخت.

برقراری رابطه

برای برقراری یک رابطه زناشویی موفق باید به چهار نکته توجه داشته باشیم.

۱- ارتباط هدفمند: ارتباط و مکالمه باید طوری صورت گیرد که هم بفهمیم و هم فهمیده شویم.

۲- درک درست: تفاوت‌های موجود را بشناسیم، قبول کرده و محترم شماریم.

۳- خودداری از داوری: از داوری‌های منفی نسبت به خود و دیگران بپرهیزیم.

۴- احساس مسئولیت: هر یک از زوجین باید حس روشنی نسبت به مسائل زناشویی داشته باشند و در مسائل گذشت داشته باشند. این عوامل رموزی هستند که ما را در برقراری ارتباطی سالم کمک می‌کنند. می‌توانید بفهمید که چرا د رروابط خود دچار مشکل بوده‌اید و این عوامل این امکان را فراهم می‌سازند که در پی احیا و تثبیت آن برآیید.

اگر به خاطر داشته باشی در بخش ابتدایی دوره‌ی هنرزن بودن(پکیج زنان باهوش) من در مورد خطاهای شناختی و نحوه‌ی برخورد با این خطاها و رفع آن صحبت کردم. اگر لازم است چندباره این بخش را ببینید و بشنوید.

ارتباط هدفمند: «گفت‌وگو»

به هنگام شناخت و احترام به تفاوت‌های یکدیگر، گفت‌وگو نقش مهمی دارد. در دوره‌ی هنرزن بودن آموختید «نباید در لحظه هر آنچه را احساس می‌کنید، به زبان بیاورید.» درباره مهارت سخنوری و لحن بیان آن به طور اجمال سخن گفته‌ام. به خصوص در مورد واقعیاتی که به شخص ما ارتباط دارد. صمیمیت موجود بین دو نفر سبب بروز حقایق می‌گردد اما بدون در نظر گرفتن هدف یک مکالمه حتی بهترین واژه‌ها نیز در ایجاد یک رابطه، موفق و تأثیرپذیر نخواهد بود.

اهداف یک گفت‌وگو چیست و چگونه بر یک ارتباط تأثیر می‌گذارد؟ بهتر است در پاسخ به این سؤال موردی را که برای خودم به وجود آمد، توضیح دهم.

درک صحیح یکدیگر

مکالمه صرف، هرگز باعث دوام یک رابطه نمی‌گردد. اگرچه گفت‌وگو راهی است که می‌توان توسط آن روابط را گسترش داد ولی این امر نیازمند آن است که درک صحیحی از این گفت‌وگو داشته باشیم. چه بسا که درک نادرست مکالمه سبب از هم گسیختگی ارتباط گردد. یک مکالمه هدفمند این امکان را به ما می‌دهد که میزان درک صحیح خود را افزایش دهیم.

آیا برایتان اتفاق افتاده است که با دوست خود در مورد موضوعی بحث و جدل کنید و بعد دریابید که بحث تنها بر اثر یک سوءتفاهم پیش آمد کرده است؟ یکی از مشکلات شایع بین روابط این است که در پی آشنایی با شخصی، باور

می‌کنیم که تمام کلمات و رفتاری که او از خود بروز می‌دهد، کاملاً درک می‌کنیم و منظور او را متوجه می‌شویم. این درحالی است که در بسیاری موارد شتاب زده عمل کرده‌ایم و به نتیجه دلخواه نمی‌رسیم.

گاه اتفاق می‌افتد که در مشاوره‌ها، مشاور نقش یک مترجم را ایفا می‌کند. گویی زن و شوهر به دو زبان مختلف سخن می‌گویند. مرد از موضوعی گله می‌کند و زن آن را طور دیگری بیان می‌کند. در یک لحظه آن دو با یکدیگر به جدل می‌پردازند اما، درگیری آنها تنها با ایراد مطالب شوهر با جملات و کلماتی دیگر که برای زن قابل فهم است پایان می‌یابد، برای مرد نیز همینطور. تمامی حالات مثبت، حس احترام فوق‌العاده با عواطفی زیبا و خاص که در زمان عاشق شدن افراد تجلی می‌یابد به سادگی بر اثر یک سوءتفاهم بسیار جزئی از بین می‌رود. پنداشت‌های نادرست گاه ممکن است سبب بروز رفتاری شوند که در ابتدای ازدواج هیچ گاه متصور نبوده است.

بیشتر کشمکش‌هایی که در روابط عاطفی زناشویی بروز می‌کند گاه در اثر یک سوءتفاهم بسیار پیش پا افتاده است و این در حالی است که با برقراری گفت‌وگویی سالم محیط لازم جهت رشد سوءتفاهم از بین می‌رود و ضامن بهبودی روابط می‌گردد. یادگیری و به کار بستن مهارت‌های مکالمه می‌تواند از بروز مشکلات جلوگیری نماید اما برای درک بیشتر توصیه‌هایی وجود دارد که باید در مکالمات رعایت شوند. از جمله:

❊ شناخت هرچه بیشتر خود و دیگران.

❊ دانستن اینکه زنان و مردان هر کدام رفتار متفاوتی در مقابل رویدادها دارند.

* درک عمیق احساسات واقعی خود در برابر مسائل مختلف.
* دانستن اینکه کنایه‌ها و علائم ظاهری همیشه یک معنا ندارند.
* علم به اینکه آنچه پرسیدنش برای ما راحت است، شاید برای دیگران راحت نباشد.
* علم به اینکه آنچه شنیدنش برای ما سهل است، شاید برای دیگری دردناک باشد.
* درک این مسئله که شاید چیزی که ما می‌اندیشیم برای دیگران مفید است، چنین نباشد.
* دانستن این مطلب که اگر اشخاص اگرچه با زبان مشترکی صحبت می‌کنند اما معنای واژه‌ها مشترک نیست.

درک صحیح هنگامی رخ می‌دهد که دریابیم هر یک از ما افرادی خاص هستیم و می‌توانیم به سادگی باعث سوءتعبیر در دیگری شویم. احترام و درک متقابل و شناخت تفاوت‌ها می‌تواند ما را به رابطه‌ای محکم و درست رهنمون شود.

بیم داشتن از تفاوت‌ها

شاید ریشه ترس از متفاوت بودن به دوران طفولیت ما بازگردد چراکه در آن زمان همیشه مقایسه بین قوی و ضعیف صورت می‌گرفت و در چنین وضعی تفاوت‌ها بروز می‌کرد و ما همیشه سعی داشتیم که مانع تجلی این تفاوت‌ها شویم و خود مانند شخصی که برتر و موفق‌تر بوده است، ظاهر شویم.

حتی اگر پدر و مادر ما نیز به خاطر وجود همین تفاوت‌ها ما را فردی خاص و سرشناس قبول کنند، باز هم در دل بیم آن داریم که این تفاوت باعث شکست و یا طرد ما شود. چراکه افراد سعی در تغییر و اصلاح شخصی دارند که متفاوت است. این ترس ریشه در افکار عمومی دارد. افرادی که در کار دیگران دقیق می‌شوند هر آنچه را که خارج از محدوده آنها باشد طرد می‌کنند. وجود این تفاوت‌ها زنگ خطری است برای این نادیده انگاشتن و طرد شدن.

جنبه تفاوت‌های زن و مرد

تفاوت‌های موجود بین زن و مرد همانند آهن‌ربایی آن دو را به سوی یکدیگر جذب می‌کند و هنگامی که درک درست و مناسبی از این تفاوت‌ها حاصل شود می‌توان از آن استفاده بهینه به عمل آورد. این تفاوت‌ها در حکم مکمل‌هایی هستند که برای دیگری امکان رسیدن به تعادل را به وجود می‌آورند. اگر من انسانی پرانرژی باشم احتمال بالایی دارد که به سوی انسانی آرام و خونسرد جذب شوم. در پرتو این رابطه من نیز در اعماق خود به دنبال آرامش رفته و در نتیجه آن انرژی در راه مثبت تکامل می‌یابد و من ملایم‌تر و متعادل‌تر خواهم شد.

وجود این تفاوت‌های مکمل، باعث جذبه و میلی می‌گردد که گامی به سوی دیگری برداری. همان اکسیری که عشق نامندش.

معجزه تفاوت، نمایاندن تصویری است که همانا مشاهده شباهت‌هاست. وقتی قبول کردیم زن و مرد با یکدیگر تفاوت دارند رفته رفته شباهت‌هایی برای ما به عرصه ظهور می‌رسند.

زن و مرد اگرچه با یکدیگر تفاوت دارند؛ ولی از جهاتی شبیه هم نیز هستند. تنها کسی می‌تواند در زندگی شریک خوبی باشد که تلفیقی از این تفاوت‌ها و تشابهات است.

برای ارائه این امتزاج سحرآمیز نمونه‌های زیادی وجود دارد که به چند مورد آن اشاره می‌کنیم. (مواردی که زبان خود شما عزیزان برایم بیان شده است)

* هر دوی ما (زن و مرد) با یکدیگر متفاوت هستیم اما عشق و علاقه ما را در کنار هم نگه داشته است.

* من و همسرم خیلی با هم تفاوت داریم. او برای شب خلق شده است و من برای روز. او رؤیایی‌ست در حالی‌که من واقع بین هستم. او خونسرد است و من همیشه مضطرب و نگران. با این حال من و او چون روح واحدی در دو بدن هستیم و یکدیگر را به خوبی درک می‌کنیم.

* بعضی اوقات همسرم را دوست دارم و گاهی از او متنفر هستم. شاید زمانی که علاقه‌ای نسبت به او حس نمی‌کنم به این دلیل است که آمادگی این کار را ندارم و حتی نسبت به خودم نیز حس خوبی ندارم اما همیشه دوست دارم که در کنار هم باشیم.

* خیلی از مشکلات ما با هم تفاوت دارد اما، چیزی که مهم است وجود خود مشکلات است. ما یاد گرفته‌ایم که در کنار هم مشکلات را حل کنیم. احساس

می‌کنم اگر فقط مشکلات مربوط به من بود نمی‌توانستم وجود همسرم را تحمل کنم.

* در دو سال اولیه زندگی مشترک همه چیز خوب بود، ولی بعد نسبت به یکدیگر سرد شدیم و آن عشق از میان رفت. روزی احساس کردم که ما با یکدیگر تفاوت‌های زیادی داریم و نقاط مشترک اندکی وجود دارد و این امر ناامیدکننده بود. از آن به بعد اقدام کردیم به شناخت عشق واقعی. همسرم را همان‌گونه که بود دوست داشتم نه آن‌گونه که من دوست داشتم باشد. در تمام این موارد، عشق واقعی زمانی بارور شده است که درک و پذیرش تفاوت‌ها صورت گرفته است و گام گذاردن در هماهنگ کردن آنها، رابطه‌ای مثبت و پایدار را رقم زده است.

اجتناب از داوری

پرهیز از هرگونه قضاوت منفی سومین عامل ایجاد یک رابطه درست است که در پس درکی عمیق به وجود می‌آید. آنگاه که بتوانیم تفاوت‌های خود را بازشناسیم و صمیمانه احساسات و افکار خود را به گفت‌وگو بگذاریم، می‌توانیم از قضاوت‌های منفی دوری گزینیم.

برداشت و شناخت نادرست از اعمال و رفتار خود، اجازه پرورش استعداد را از ما سلب می‌کند و باعث می‌شود از آنچه که در زندگی داریم احساس لذت نکنیم. قضاوت نادرست نشانگر فقدان اعتماد به نفس است.

زمانی که احساس کمبود می‌کنیم این حس در ما رخنه می‌کند که آنچه داریم کفایت زندگی ما را نمی‌کند. این حس در تمام جوانب زندگی مانند: فرصت، پول، عشق و... اثر می‌گذارد و احساس تنهایی به انسان دست می‌دهد. اینکه دوستان زیاد و خانواده گرمی ندارم این تفاوت‌های غلط باعث بر هم زدن آرامش می‌شود. زمانی که تفاوت‌های بین افراد را بشناسیم و به آنها احترام بگذاریم دیگر این برداشت‌های نادرست نیز از زندگی رخت برمی‌بندند. زمانی که بتوانیم دیگری را دوست بداریم، می‌توانیم خود را نیز بشناسیم و بستاییم. این امر در پرتو رهایی از قضاوت‌های نادرست صورت می‌گیرد. با دوست داشتن دیگران این قدرت در ما رشد می‌یابد و می‌توانیم خود را نیز دوست بداریم. با ورود عشق و محبت در روابط، اعتماد به نفس نیز بالا می‌رود. هنگامی که قضاوت نادرستی در مورد دیگران داریم با نوعی مبارزه با نفس درگیر هستیم. چه بسا این تصویری از عقاید پنهان ذهین خود ما باشد.

یکی شدن و یگانگی

یک رابطه خوب زناشویی مرهون شناخت و احترام گذاشتن به تفاوت‌هاست. یکی از مزایای شناخت تفاوت‌ها پی بردن به وجوه اشتراک است. با شناخت تشابهات صفاتی مانند: همدلی، مهربانی، پذیرش، گذشت و یگانگی رشد می‌یابد. تأیید و تصدیق تفاوت‌ها نیز باعث بروز جذابیت، قدردانی، مهر و علاقه، احترام، هدفمندی و هیجان می‌گردد.

پذیرش مسئولیت

عامل چهارم که در ایجاد یک رابطه و دوام آن تأثیر دارد پذیرش مسئولیت (مسئولیت‌پذیری) است. هر دو نفر باید به اندازه مساوی قبول مسئولیت نمایند اما حس عفو و گذشت را نیز باید تمرین نمایند. مسئولیت‌پذیری درست نقطه مقابل حس قربانی شدن است. وقتی نتوانید قبول کنید که در موضوعی هر دو مسئول هستید، شاید نتوانید گذشت را تجربه کنید.

آیا در مناسبات خود و همسرتان تاکنون به این مسئله فکر کرده‌اید که چقدر شما محبت و فداکاری و نیکی انجام می‌دهید و در مقابل این انتظار برای شما برآورده نمی‌شود؟ یا اینکه فکر کنید وجود همسرتان باعث آزار شما شده است و روزتان را خراب می‌کند. این چنین افکاری متعلق به کسی است که حساب می‌کند در این رابطه قربانی شده است. در واقع این افکار نشانگر این است که شما به حد کافی مسئولیت‌پذیر نیستید.

افرادی که می‌پندارند قربانی شده‌اند کسانی هستند که در بروز چنین حالتی خود را مقصر نمی‌دانند و قبول ندارند که خود آنها نیز در به وجود آمدن این وضع دخیل بوده‌اند.

احساس قربانی شدن تنها باعث مختل شدن رابطه زناشویی نمی‌شود، چه بسا موجب ویرانی آن هم بشود. این‌گونه افراد احساس نمی‌کنند که اگر رفتاری متفاوت داشتند این وضع به وجود نمی‌آمد و نمی‌خواهند پذیرای این باشند که آنان نیز در این مسئله سهیم بوده‌اند و رفتار نادرست آنها باعث بدتر شدن اوضاع شده است. علاوه بر این، آنها قصد ندارند از این وضعیت بد به شرایطی

مطلوب‌تر صعود کنند. (بـه مطلـب طرحـواره‌هـا در بخـش دو در پکـیج زنـان باهوش– هنر زن بودن رجوع کنید.)
همیشه گذشته ناکام خود را دلیلی برای صداقت خود می‌دانند. اگر شخصی از همسر خود احساس نارضایتی و دلخوری بکند نشـانگر آن اسـت کـه شـخص خود را قربانی می‌داند و مسئولیت‌پذیر نیست. وقتی کـه از کسـی مـی‌رنجـیم دیگر حاضر به پذیرش او نیستیم و به اعمال او توجهی نمـی‌کنـیم، در همـین حین انتظار داریم او خواسته‌های ما را بداند و به آنها عمل کنـد و در صـورتی که چنین وضعی پیش نیاید احساس می‌کنیم که قربانی شده‌ایم. شاید گـاهی زنان افکار یکدیگر را بخوانند ولی چنین عملی برای مردان دشوار اسـت. زنـان نیز کمتر قادرند افکار مردان را بخوانند و به آن عمل کنند.

چگونه ناخواسته باعث رنجش دیگری می‌شویم

اگر ما شناخت کافی از تفاوت‌های یکدیگر نداشته باشیم، نمی‌تـوانیم بفهمـیم که چرا گاهی در بعضی روابط مشکلاتی به وجود می‌آیـد. هنگـامی کـه قبـول کردیم مـا –زنـانومردان–ازدوسیارهونوسـومریخآمده‌ایمـدرکخواهیم کـرد کـه چگونه گاهی ناخواسته باعث آزار دیگری می‌شویم.
اگر ما در مورد تفاوت‌های خود به مطالعه بپردازیم، خواهیم دید که رفتار ما بر دیگران تأثیر گذاشته و باعث بروز عکس‌العمل‌هایی از جانب آنها می‌شود. تنهـا این رفتار بارز ما نیست که باید بر آن نظارت داشته باشیم، چراکه احساسات و افکار ما نیز گاهی باعث ناراحتی دیگران مـی‌شـود. البتـه در کنتـرل درآوردن

تفکرات و احساسات کار دشواری است. ولی باید قبول داشت که آنها نیز تأثیرگذار هستند.

هنگامی که در مورد کسی قضاوت می‌کنیم –آشکاریا نهان- این گفته ما در او اثرگذاشته و همان رفتار را بروز می‌دهد. اگر فکر کنیم کسی ما را دوست ندارد، او همان رفتار را با ما خواهد داشت. اگر قضاوت کنیم که دیگری نسبت به ما بی‌توجه شده است، او در رفتار خود توجهی به ما نخواهد داشت.

هر اندازه که شخصی در نزد شما عزیز و محترم باشد، تحت تأثیر این قضاوت شما آن‌فرد نیز برانگیخته خواهد شد. احساس محبت با کسی در تفکرات او تأثیرگذار است. صمیمیت و نزدیکی در روابط زناشویی قدرت نفوذ رفتاری زوج‌ها را بالاتر می‌برد.

مثلاً اگر زنی نظرش در مورد شوهر خود این باشد که او را دوست ندارد و اعتنایی به او نمی‌کند در چنین وضعیتی خود نیز این اعمال را از خود بروز می‌دهد و این صفات منفی از او سر می‌زند.

حتی اگر منظور او این باشد که شوهرش خیلی زیاد او را دوست ندارد، این برداشت و قضاوت باعث به وجود آمدن واکنش شوهر می‌شود. چراکه دوست داشتن او تحت الشعاع چنین قضاوتی قرار گرفته است. هرچه زن و شوهر به یکدیگر نزدیک‌تر باشند این ارتباط احساسات شدیدتر بوده و فوراً به دیگری منتقل می‌شود.

چنانچه مردی همسر خود را غیرمنطقی و احساساتی قلمداد کند گرایش زن به این صفات بیشتر می‌شود. وقتی زن در مورد احساسات خود با همسرش

صحبت می‌کند و درمی‌یابد به گفته‌هایش زیاد توجهی نمی‌شود از کوره در می‌رود و رفتاری غیرمنطقی از خود بروز می‌دهد.
وقتی از کسی ناراحت و عصبی می‌شویم به این دلیل نیست که او ما را عصبی کرده است و ما عکس‌العمل نشان داده‌ایم، بلکه ما خود مسئول این عصبانیت و واکنش هستیم. بهانه‌تراشی و مقصر جلوه دادن دیگری یعنی، قربانی شدن و این اصلاً پذیرفته نیست.
درک این مطلب که چطور تفکرات انسان می‌توانند سرچشمه واکنش‌های او باشند دلیل نمی‌شود که از واکنش‌ها دست بشوییم. بلکه با نگاهی به آنها می‌توانیم رفتار همسر خود را بیشتر درک کنیم و خود را به خواسته‌های او نزدیک‌تر نماییم.
عواملی که باعث بدخلقی می‌شوند بسیار متعدد هستند. مانند قضاوت ما که باعث به هم ریختن موقت اعصاب طرف مقابل می‌شود. رنجش‌ها، موجبات اختلال دائمی فرد را به وجود می‌آورند. مردی که همیشه باعث رنجش همسر خود می‌گردد، او را بیش از حد حساس می‌سازد و آن هنگام که از بی‌اعتنایی شوهرش می‌رنجد از او دلجویی نمی‌کند. این امر باعث می‌شود او نیز چنین رفتاری از خود بروز دهد و شوهر برای همیشه نسبت به او بی‌توجه گردد.
مردهااغلب این حس را تجربه کرده‌اند: هنگامی که در راه بازگشت به خانه هستند به همسر خود ابراز علاقه و مهر می‌نمایند اما به محض ورود به منزل دیگر هیچ توجه و احساسی نسبت به او ندارند. گرچه همسر آنان رفتاری گرم و صمیمی داشته است ولی این احساس در اثر کدورت‌های پنهان و مسائل

حل نشده ذهن صورت گرفته است و منجر به بی‌توجهی نسبت به همسر می‌شود.

همچنین ممکن است این وضع در شرایطی مشابه برای یک زن به وجود آید. او نسبت به همسر خود علاقه و احساس دارد ولی به محض ورود به خانه با دیدن شوهر احساسات منفی در او بروز می‌کند. در صورتی که شاید شوهر رفتار مناسبی هم داشته باشد ولی احساسات ناآگاهانه زن نسبت به شوهر چنین صحنه‌ای را خلق می‌کند.

وقتی از کسی می‌رنجیم در واقع قضاوت‌های منفی وجودی ما به عرصه ظهور رسیده‌اند و در باطن ما جا خشک کرده‌اند و تا آن زمان که قدرت گذشت و عفو نداشته باشیم همچنان باقی می‌مانند. ما هرقدر سعی کنیم این رنجش‌ها را پنهان نماییم باز هم از رفتار، با واکنش‌ها با لحن صحبت و کلمات، موج نگاه و تن صدا این رنجش آشکارا به چشم می‌خورد. این کدورت‌ها به هر حال بیرون ریخته می‌شوند و اعلام وجود می‌کنند.

اگر شخصی بی‌هیچ آزردگی به کسی قضاوتی منفی داشته باشد بعد از چند لحظه، این حرف خود را با کلامی مثبت عوض خواهد کرد اما اگر شخص آزرده باشد باز هم روی همان قضاوت منفی پافشاری می‌کند. یک قضاوت منفی، چه آگاهانه و چه ناآگاهانه، نه تنها موجب بروز واکنش منفی می‌گردد، بلکه گفت‌وگوهای مثبت را نیز خنثی می‌کند. زمانی که شما احساسات خود را مبنی بر همان رنجش خود بیان می‌دارید دیگر نباید انتظار داشته باشید که یک رابطه صادقانه به وجود بیاید. علت اینکه در ابتدا تمام مکالمات راحت و

بی‌دغدغه عنوان می‌شوند این است که هنوز هیچ رنجشی به وجود نیامده است.

وجود رنجش، در یک رابطه از رشد عشق جلوگیری می‌کند. بهترین کار برای کنار گذاشتن رنجیدگی‌ها، قبول مسئولیت است و درک این مسئله که این کار تا چه حد می‌تواند به روی پاسخ‌ها و دریافت‌های ما مؤثر باشد در چنین وضعیتی دیگر وقت فراموشی رنجش‌ها و چشم پوشی فرا می‌رسد.

رنجش‌های سرکوب شده

وقتی بپذیریم که با قضاوت‌های نادرستی که در مورد دیگران داشته‌ایم ناآگاهانه باعث بدرفتاری آنها شده‌ایم خیلی راحت می‌توانیم قبول مسئولیت نماییم. در این رهگذر هنوز یک مانع جدی به نام سرکوبی پابرجاست. زنان و مردان خیلی راحت رنجش‌های خود را سرکوب می‌کنند و آنها را نادیده می‌گیرند و این امر باعث می‌شود که مسئولیت اختلاف و بدرفتاری همسر خود را قبول نکنیم. این سرکوبی باعث به هم خوردن روابط زناشویی می‌شود. کسی که سعی دارد مورد محبت دیگران قرار گیرد و به او احترام گذاشته شود، ولی رفتار ماهرانه‌ای در گفت‌وگو ندارد می‌تواند رنجش‌های خود را سرکوب نماید. هرچه فرد سعی در این داشته باشد که بیشتر مورد مهر و علاقه دیگری قرار بگیرد بیشتر می‌تواند آزردگی‌هایش را نادیده انگارد. اگر همسر چنین فردی زیاد تحت تأثیر رنجش‌ها و داوری‌ها قرار گرفته باشد آن

وقت پذیرش مسئولیت بسیار سخت می‌شود و تلاش بیشتر فقط باعث وخامت بیشتر رابطه می‌گردد.

اگر مردی با ضربه‌ای سر همسر خود را بشکند می‌تواند مسئولیت این کار و تأثیری را که روی همسرش داشته است بپذیرد و زن هم می‌تواند بگوید که شوهرش به او آسیب رسانده و این کار را قبول دارد، چراکه او می‌داند خود چطور موجب خشم شوهرش شده است.

اما اگر مردی در اثر رنجش‌های سرکوب شده رفتاری منفی از خود بروز دهد مسئولیت آن را نمی‌پذیرد و زن نیز او را مقصر می‌داند. در چنین وضعی رفتار زن غیرمنطقی به نظر می‌رسد.

تنها نیت خوب کافی نیست

شاید شما هم یکی از کسانی باشید که آرزو دارند عاشق همسر خود باشند و چه بسا در این راه خیلی هم تلاش کرده باشید. باید بدانید تا زمانی که از قید رنجش‌ها رهایی نیافته‌اید هیچ‌گاه به عشق واقعی نخواهید رسید. وقتی ما از همسر خود هیچ رنجشی نداشته باشیم، بدون هیچ تلاشی می‌توانیم او را عاشقانه دوست بداریم. اگر ما خیلی سعی می‌کنیم که طرف مقابل را دوست بداریم نشانگر این است که هنوز رنجش‌هایی در دل باقی است.

بیایید به آن زمان که عاشق شدید دوباره نگاهی بیندازیم. آیا عاشق شدن کار دشواری بود؟ مسلم است که نه.

به افرادی که برای شما خیلی محترم و گرامی هستند بیندیشید. آنهایی که کارهایی برجسته انجام داده‌اند. آیا قلباً حاضر نیستید که به آنها احترام بگذارید؟!

اگر یک فعل به صورت خودجوش و غیرارادی نباشد حتماً ساختگی و تصنعی می‌شود. وقتی کسی احساس رنجش می‌کند هیچ راهی برای کتمان این مسئله نیست و مخاطب آن را حس خواهد کرد. وجود این رنجش‌ها باعث می‌شود که طرف مقابل در برابر او حالتی تدافعی داشته باشد.

با شناخت این مهم در روابط زناشویی می‌توان مسئولیت‌های بیشتری را پذیرفت. وقتی دریابیم که قضاوت‌های منفی ما -چه آشکاروچه نهان- عامل بیشتراختلافات هستند تمایل بیش‌تری برای پذیرش مسئولیت خواهیم داشت.

هنگامی که از مسئولیت خود اطلاع حاصل نماییم رهایی از آزردگی‌ها سهل و میسر خواهد بود اما تا وقتی که این پنداشت همزاد ما باشد که همه کارهایی که ما انجام می‌دهیم درست است، ولی در مقابل آنچه انتظار داریم دریافت نمی‌کنیم حس قربانی شدن بر ما مستولی می‌شود.

باید بدانیم دانستن، قدرت می‌آفریند. دانستن این نکته که ما با یکدیگر فرق داریم چنان نیرویی به ما اعطا می‌کند که بتوانیم بیشتر درک و پذیرش مسئولیت داشته باشیم و به دیگران با دیده احترام بنگریم.

اگر بدانیم که رنجش‌های پنهان ما در رفتار دیگران تأثیر می‌گذارد، آنگاه می‌توانیم راحت‌تر گذشت نماییم. با شناخت هرچه بیشتر تفاوت‌ها دیگر

قضاوت‌هایی که ما را مجبور به اصلاح در روحیه همسر خود می‌کرد، کنار می‌روند و در عوض دست یاری به سوی او دراز خواهیم کرد.

تفاوت‌های زنان و مردان

برای شناسایی زن و مرد و تفاوت بین آنها ابتدایی‌ترین راه، اختلاف در اندام بدن است. آشکارترین تفاوت در ارگان تناسلی آنهاست. جدای این عضو تفاوت‌های دیگری نیز بین زن و مرد وجود دارد که عبارتند از:

* پوست مردان ضخامت بیشتری دارد و به همین علت در سنین بالاتر پوست زنان زودتر افتاده و چروک می‌شود.

* تارهای صوتی مردان نسبت به زنان بلندتر است و علت کلفت بودن صدای مردان نیز به همین دلیل است.

* خون مردان غلظت بالاتری دارد یعنی، مردان ۲۰ درصد گلبول قرمز بیشتری دارند و این امر باعث جذب اکسیژن بیشتر و نیروی مضاعف می‌شود. به علاوه مردان عمیق‌تر تنفس می‌کنند و زنان تندتر این عمل را انجام می‌دهند.

* اسکلت بدن و استخوان‌بندی مردان درشت‌تر است. استخوان زنان ظریف‌تر بوده و از لحاظ ساختاری نیز با مردان تفاوت دارد. طرز راه رفتن زنان که موجب جذب مردان می‌گردد، در اثر همین تفاوت است، چراکه لگن زن‌ها عریض‌تر است و برای نگهداری جنین مناسب است. در هنگام راه رفتن لگن به حرکت در می‌آید و حالتی رقص‌گونه به وجود می‌آید.

* بدن مردان ماهیچه بیشتری دارد و چربی آنها کمتر است و برای همین راحت می‌توانند وزن خود را پایین بیاورند. به علت وجود ماهیچه‌های بیشتر انرژی بیشتری نیز دارند که سبب تحرک بالاتر می‌شود.

* زنان در زیر پوست خود یک لایه چربی محافظ دارند که باعث می‌شود در زمستان زیاد احساس سرما نداشته باشند و در تابستان گرمای زیادی جذب نکنند. این چربی باعث می‌شود انرژی بیشتری ذخیره کنند و استقامت بیشتری در مقایسه با مردان داشته باشند.

گرچه تفاوت‌های فیزیکی و بدنی از اهمیت ویژه‌ای برخوردار هستند اما شناخت تفاوت‌های روانی افق‌های روشنی را در برقراری ارتباط بین زن و مرد در اختیار قرار می‌دهد. وجود تفاوت‌های جسمی سبب بروز تفاوت‌های عمیق روانی می‌گردد.

تفاوت‌های درونی

مردان و زنان نه تنها از نظر جسمی با یکدیگر تفاوت دارند، بلکه از نظر روحی و روانی نیز در خلقت متفاوتند. به عنوان مثال: همیشه دیده شده است که زنان از قدرت درک مستقیم (هوش ذاتی) برخوردار هستند و در برقراری عشق و رابطه پیش قدم می‌شوند. زنان در مواجهه با ناملایمات واکنش‌های متفاوتی از خود بروز می‌دهند و در ضمن مشکلات و ناراحتی‌های خاص خود را دارند.

عده‌ای عقیده دارند که این تفاوت‌ها ریشه در فرهنگ و تمدن‌های مختلف دارد و از دوران کودکی در وجود انسان شکل می‌گیرد که این نظریه درستی

نیست. البته شرایط فرهنگی و خانوادگی باعث بروز تفاوت‌هایی در زن و مرد می‌شود اما این شرایط تفاوت‌های اساسی به وجود نخواهند آورد. نظریه علمی که در این مورد وجود دارد این است که تفاوت‌ها براساس تغییرات و تفاوت‌های ژنتیک (دی. ان. ای) به وجود می‌آیند و رفته رفته با رشد کودک شرایط خانوادگی و محیطی نیز بر آن تأثیر می‌گذارد.

البته در بیان این تفاوت‌ها و توضیحاتی که در مورد مردان و زنان ارائه شده است، ولی تعمیم آنها به تمام مردان و زنان کاری غیرمنطقی خواهد بود. یک مرد واقعی در حقیقت مجموعه‌ای از خصلت‌های متفاوت است که هم زنانه هستند و هم مردانه. در مورد زنان هم وضع به همین گونه است. اکثر مردان به خصایل و صفت مردانه اتصاف دارند و زنان نیز بیشتر خصلت‌های زنانه دارند که ما در این مورد به بحث خواهیم پرداخت. اگر ما بین صفات زنانه و مردانه مرزی تعیین کنیم، وقتی که مردی یکی از مشخصه‌های مردانه را نداشته باشد، تصور می‌کند که نقصی در وجود خود دارد. شاید باشند زنانی که همه خصایص زنانه را نداشته باشند و یا نمی‌توان گفت به طور کلی جنس مؤنث یک خصلت مردانه را دارد.

برای جلوگیری از هرگونه خطایی باید خصایص مردانه را در حیطه مردان و زنان را در حیطه زنان تعریف کنیم. در ابتدای بحث دسته‌بندی این خصوصیات از اهمیت خاصی برخوردار است و شاید موجب سردرگمی شود، چراکه در جامعه ما -ایران- در بعضی موارد این مرزبندی‌ها اصلاً وجود ندارد و

بسیاری از زنان خصوصیات زنانه خود را کنار گذاشته و اعمالی مردانه از خود صورت می‌دهند و در مورد مردان نیز چنین مواردی وجود دارد. به عبارت دیگر، این زن‌ها از خصوصیات زنانه خود دست کشیده‌اند تا به مرز توانایی مردان برسند و یا مردها هم از مشخصه‌های مردانه خود دور می‌شوند تا توانایی‌های زنان را تجربه کنند آنچه که مسلم است پیشرفت و توسعه در زمینه توانایی‌های ذاتی هر جنس نشانگر رشد آن جنس است و به منظور پرهیز از هرگونه اشتباهی فرد باید تلاش نماید تا در زمینه خود به توانایی دست یابد نه در زمینه جنس مخالف.

(در قسمت‌های مختلف این کتاب به خصایص و مشخصه‌های زنان و مردان به طور جداگانه اشاره شده است.)

امروزه خیلی از زنان دوست دارند اعمالی مردانه انجام دهند. آن‌ها به بهای گذشتن از شایستگی‌ها و صفات زنانه خود در پی آزادی بیشتر، احترام و عشق مضاعف هستند. تساوی حقوق زن و مرد نه تنها باعث شد زنان توانایی‌های فطری خود را گم کنند، چه بسا از این واژه پنداری اشتباه در ذهن‌شان نقش گیرد و بگویند: «زنان باید مثل مردان شوند.» در نتیجه زنان خیلی زیاد از حالات اصلی و ذاتی خود دور شدند. از سوی دیگر بسیاری از مردان هم برای جلب رضایت و نظر زنان سعی می‌کنند مانند آن‌ها با احساس و لطیف باشند اما این چنین مردانی از نظر زن‌ها پسندیده نیستند. این مردان بسیاری از خصایص خود را زیر پا نهاده‌اند. این افراد دچار یأس و ناامیدی می‌شوند وقتی

که در می‌یابند این رفتار دیگر پسندیده نیست و روش مناسب دیگری هم جایگزین آن نشده است.

اگر بخواهیم که نمادهای خاصی برای زنان و مردان ارائه دهیم، کاری است محال و ناشدنی اما در هر صورت این مسلم است که باید در پرورش توانایی‌های جنسیت خود تلاش نماییم و اگر این کوشش را در جهت خصایص جنس مخالف به کار گیریم، کاری عبث را پیشه کرده‌ایم.

بیشتر مشکلات موجود بین افراد به دلیل عدم پذیرش تفاوت‌ها در بین زن و مرد است. اگر به راحتی این واقعیت را که چه کسی هستیم بپذیریم و تفاوت‌هایمان را با دیگری بشناسیم، می‌توانیم توانایی‌های خود را بدون محدود کردن خود واقعی گسترش دهیم.

اگر کسی بخواهد رفتاری منطقی و صحیح ببیند ابتدا باید خود بپذیرد که فردی منطقی است. در این صورت او به طرف منطق و احساس گرایش پیدا می‌کند، چراکه این دو مکمل یکدیگر هستند.

یک مرد که دارای خصایص خاص مردانه است بیشتر به سمت منطق گرایش دارد و با اعمالی مانند دوست داشتن، عشق ورزیدن و احترام گذاشتن به شخص مقابل خود، گرایش احساسی را از خود بروز می‌دهد و این امیال را بدون از بین بردن حالات منطقی و استدلالی در خود ارتقا می‌دهد.

اما اگر مردی تا حدود زیادی احساسی عمل نماید و منطق کمتری داشته باشد باید قبول کند که بیشتر توانایی‌های زنانه را در خود تقویت نموده است و

این عمل تنها با سرکوب کردن صفات مردانه در او به وجود آمده است. چنین مردی برای تعادل به طرف زنی جذب می‌شود که استدلالی و منطقی باشد. در این راستا او نیز با حس احترام و عشق‌ورزی به چنین زنی خصوصیات منطقی خود را تقویت می‌کند بدون اینکه صفت احساسی بودن را از دست بدهد.

بیان تفاوت‌های بین زنان و مردان کلی است و همیشه و برای همه کس نمی‌تواند صدق کند اما این توضیحات و شرح در مورد تفاوت‌های فاحش بین این دو جنس ما را در زمینه‌های زیادی یاری می‌دهد. هنگامی که هر یک از افراد تحت فشار باشند این تفاوت‌ها واضح‌تر خود را نمایان می‌سازند.

هنگامی که در شرایط عادی، آرام و شاد هستیم بیش از سایر زمان‌ها در حالت تعادل صفات خویش به سر می‌بریم.

مردی که به نظر می‌رسد خیلی احساسی و لطیف عمل می‌کند و خصائل زنانه دارد، هنگامی که در برابر تنش و استرس واقع می‌شود، عملی مردانه از خود بروز می‌دهد. چنین فردی می‌تواند با کمی تمرین خصوصیات مردانه خود را توسعه بخشد.

همین‌طور اگر زنی به خصوصیات مردانه تمایل پیدا کرده باشد می‌تواند با بهره‌گیری از مطالبی که در این کتاب آمده است صفات زنانه خود را بازشناسد و به آن‌ها هرچه بیشتر نزدیک شود. هرقدر که مشخصه‌های مردانه در او رشد کرده باشند، می‌تواند با عشق و تمرین حالات زنانه آن‌ها را از خود دور سازد و صفات زنانه را پرورش دهد.

تفاوت‌ها مکمل یکدیگر هستند

اگر شما در آیینه به چهره خود بنگرید درخواهید یافت که زن و مرد با وجود داشتن تفاوت تا چه حد به یکدیگر شبیه هستند. تفاوت‌های روانی بین زنان و مردان را می‌توانید در بازتاب تصویر آیینه جستوجو کنید.

وقتی در آیینه می‌نگرید، در ابتدا گمان می‌کنید تصویر درون آیینه تصویر خود شماست اما وقتی خیلی دقیق نگاه کنید متوجه می‌شوید این تصویر درون آیینه با شما فرق‌های زیادی دارد. تصویر در آیینه وارونه است.

تفاوت‌های روانی زنان و مردان مانند همان تصویر آیینه است. اگرچه با هم تفاوت دارند اما یکدیگر را تکمیل می‌کنند.

برای درک بهتر این تفاوت‌ها و مکمل بودن‌شان به تعریف دو نیرویی که نیوتن ارائه داده است دقت کنید. نیروی گریز از مرکز و جاذب مرکز. نیروی جاذب مرکز به سمت بیرون گرایش دارد و نیروی گریز از مرکز به سمت داخل.

در علم روانشناسی هم دو نیروی زن و مرد باعث ایجاد تعادل می‌گردند هوشمندی زن مانند نیروی گریز از مرکز از درون به بیرون او در حرکت است. نماد وجودی یک زن به‌گونه‌ای است که تمایل دارد از خویش جدا شده و با دیگران ارتباط برقرار سازد. زمانی که عاشق می‌شود به راحتی خود را به بوته فراموشی می‌سپارد. برای یک زن سهل و آسان است که برای برقراری و دوام یک رابطه از خود مایه بگذارد.

از سوی دیگر، مردان تمایل به کشش درون دارند. هنگامی که زنی آنها را می‌پذیرد عقب‌نشینی می‌کنند. مرد تمایل دارد به روی خواسته‌ها و نیازهای

خود تمرکز داشته باشد تا همسر خود. یک مرد مانند نیروی جاذب مرکز سعی دارد در خود تأمل کند و به دیگران توجهی نداشته باشد.

زنان دید و حواسی باز دارند و مردان حواسی متمرکز

یکی از مشکلات موجود در بین زنان و مردان این است که زنان نیازهای خود را فراموش می‌کنند و سخت گرفتار نیازهای طرف مقابل خود می‌شوند. یکی از دل‌مشغولی‌های زنان این است که در عین تلاش برای تأمین نیازهای شوهر، نگاهی هم به خود داشته باشند. به عبارت بهتر باید گفت: مردان همیشه خواهان خودمحوری و فردگرایی هستند، در حالی که زنان تمایل به همکاری و برقراری ارتباط دارند. مردان مانند نیروی جاذب مرکز تمایل به کناره‌گیری و انزوا طلبی دارند.

مردان معمولاً به سوی یک مرکز و کانون گرایش دارند و با دانستن همین خصوصیت آنهاست که در می‌یابیم چقدر در روابط خود با زنان ناامید و مأیوس هستند. زنان در برقراری رابطه استعداد زیادی دارند. وقتی که زنی شروع به صحبت می‌کند هیچ قصد ندارد که از این گفت‌وگو نتیجه‌ای بگیرد، درحالی‌که مردان سریع به نتیجه فکر می‌کنند. هرگاه مردی شروع به صحبت می‌کند، قبلاً کلمات و هدف خود را در ذهن پرورانده است و می‌داند در مورد چه موضوعی قصد صحبت دارد اما یک زن معمولاً برای رسیدن به هدفی خاص صحبت نمی‌کند. بلکه با «حرف زدن» به دنبال پیدا کردن هدف

می‌گردد. در واقع یک زن با بیان تفکر و احساساتش –آن هم با صدای بلند و رسا- پی می‌برد که به دنبال چه هدفی بوده است.
وقتی در یک گفت‌وگو مردان ساکت می‌شوند و برای صحبت فکر می‌کنند و به دنبال موضوع می‌گردند، زن‌ها میدان را خالی می‌بینند و رشته کلام را به دست می‌گیرند.
هنگامی که زنی شروع به صحبت می‌کند قصد نهایی این مکالمه را نمی‌داند، ولی از این مطمئن است که نیازش برطرف خواهد شد. حرف زدن برای زنان فرآیندی قدرتمند در مسیر خودشناسی آنهاست. بسیاری از مردان در هنگام مکالمه با زنان آگاه نیستند و ناآگاهانه از نحوه صحبت زنان ایراد می‌گیرند یا آن را کاری بیهوده می‌دانند. مردی که این تفاوت‌ها را بشناسد می‌تواند برای داوری به حرف‌های همسر خود گوش فرادهد و در خدمت به او موفق شود.

چرا مردان خودرأی و مستبد به نظر می‌آیند

ایجازگویی مطلب و خلاصه عنوان کردن حرف‌ها از جانب مردان، برای زنان مشکلات و سردرگمی زیادی ایجاد می‌کند و برای روانشناسان نیز اهمیت ویژه‌ای دارد. زنان نمی‌توانند درک کنند مردی که آنها را دوست دارد در برههای از زمان بسیار خودخواه شود، چراکه این تغییر رویه برای زنان غریب و غیرعادی است.
زنان باید بدانند که برای یک مرد کاملاً عادی است که همه چیز را –به جز رأی و نظر خود- نادیده بگیرد. هنگامی که مرد تصمیم می‌گیرد همسر خود را

خوشحال کند تمام اهتمام خود را به کار می‌گیرد و زمانی که این مهر و محبت را در اختیار همسر قرار داد توجه او به مرکز دیگری جلب می‌شود و آن مسئله فکر او را مشغول می‌سازد، مانند مرتفع کردن یک مشکل کاری.

هرگاه که مردی تحت فشار و استرس باشد کانون‌های توجه او افزایش می‌یابد و به سایرین بی‌توجه می‌شود. در چنین حالتی مردها به نظر بی‌مبالات و خودخواه جلوه‌گر می‌شوند، چراکه چنان غرق در مشکل و هدف خود می‌شوند که هیچ چیز دیگری را نمی‌بینند.

این در حالی است که یک زن در حالت‌های پرتنش هم نمی‌تواند چنین باشد. زنان در شرایط استرس هم هوشیاری خود را حفظ می‌کنند به خصوص در مورد کسانی که آنها را دوست دارند. وقتی مردی در محیط کار خود با مشکل جدیدی روبه‌رو می‌شود و به نظر می‌رسد که خانه و خانواده خود را فراموش کرده است، در واقع او بسیار نگران آنهاست و برای همین است که به روی مشکل کاری خود تمرکز فراوان کرده است.

اما وقتی زنی در محل کار خود به مشکل برخورد نماید سعی می‌کند که با مشکل کنار آمده و آن را به خانواده تعمیم ندهد و در چنین موقعی نیازها و خواسته‌های خانواده‌اش را بیشتر مد نظر می‌گیرد و به آنها رسیدگی می‌کند و دیدی باز و وسیع دارد، در صورتی که شوهر او تنها به روی مشکل خود متمرکز می‌شود.

همان‌طور که دیدیم متمرکز شدن مردان روی امری، یک کار غیر ارادی و مردانه است. آنان سعی دارند که نیروی جاذب مرکز را افزایش دهند تا به

هوشیاری بالاتری برسند و تمرکز یابند. زنان در چنین وضعی انتظار دارند مردی که آنها را دوست دارد دید بازی داشته باشد. دانستن این مطلب برای زنان لازم است که چنین رفتارها و واکنش‌هایی ریشه در حالت تعادل حس زنانه و مردانه دارد و ارتباطی به میزان عشق و علاقه آنها ندارد. اگر زنان به این مهم اعتنا داشته باشند دیگر از اندکی بی‌توجهی شوهران ناراحت نشده و با مهارت زنانه خود به موقع نیاز، توجه شوهر را به خود جلب می‌نمایند.

تعادل امری ضروری

میدانیم هر فردی دارای نیروهای زنانه و مردانه است. چه بسا بدون ترکیب این دو نیرو نمی‌توانستیم موجودیت داشته باشیم. چنانچه این نیروها در درون بدن نامتعادل باشند مشکلات و مسائل عدیده‌ای به وجود خواهد آورد.

وقتی یک مرد تمایلات مردانه خود را تقویت نماید بیشتر خودخواه و مغرور به نظر می‌رسد و در چنین حالتی نمی‌تواند روی نیازهای دیگران تمرکز داشته باشد. او بیشتر بی‌توجه و بی‌اعتنا به نظر می‌رسد، درصورتی‌که مشکل اصلی عدم توانایی وی در رسیدن به حالات زنانه درون خود است که می‌تواند توسط این نیروها به راحتی از نیازهای دیگران هم اطلاع حاصل نماید. برای یک زن نیز همین وضعیت وجود دارد. اگر او بیشتر به نیروی زنانه خود اهمیت بدهد، بیش از حد به فکر دیگران خواهد بود و در این میانه خود را فدا خواهد کرد. هنگامی که تحت تنش قرار می‌گیرد فکر او بسط پیدا کرده و بیشتر معاشرتی می‌شود. نسبت به دیگران احساس مسئولیت می‌نماید و ناآگاهانه خود را

درگیر مسائل دیگران می‌کند و نمی‌تواند از خواسته‌های خود صحبت کند، چراکه نسبت به آنها اطلاعی ندارد.

زمانی که مردی تحت تنش قرار می‌گیرد به نظر بی‌محبت و بی‌توجه جلوه می‌کند اما یک زن در همین شرایط احتیاجی به حمایت دیگران حس نمی‌کند و ذهنش در حال شکوفایی و گسترش است.

برای جلوگیری از چنین حالتی زنان و مردان باید همگام نیروهای خود را اعتلا دهند و متداول سازند. با امتزاج این دو نیرو رابطه بهبود می‌یابد و قوه خلاقه به کار می‌افتد.

به منظور نیل به این تعادل درونی به طور ذاتی به سوی مشخصه‌هایی جذب می‌شویم که این تعادل را تسریع می‌کنند. مردان فطرتاً به سمت خصیصه‌های زنانه جذب می‌شوند و زنان هم به خصیصه‌های مردانه. این یکی از اسرار طبیعت است که در مورد زنان و مردان حکم می‌کند.

اگر هر یک از افراد به سوی عشق واقعی و پذیرش و درک تفاوت‌ها گام بردارند به شخصیت و اصل ذاتی خود نزدیک و نزدیک‌تر می‌گردند.

مردان از طریق عشق به زنان، حالات زنانه را در می‌یابند و زنان هم خصوصیت مردانه را تجربه می‌کنند. این در حالی است که هر یک خصوصیات خاص خود را حفظ می‌نمایند. با عشق‌ورزی و احترام به تفاوت‌های طبیعی خود، به باطنی متعادل‌تر خواهیم رسید.

نکته‌های ناگفته جاذبه

با بررسی عمل تولیدمثل به قدرت خلاقه این امر پی خواهیم برد. ابتدا مرد کششی به سوی زن احساس می‌نماید. تخمک زن که مدت‌ها ساکن و بی‌حرکت بوده است اسپرم مرد را که تحرک دارد به خود جذب می‌نماید و از پیوند این دو یک زندگی جدید تجلی می‌یابد. هر عمل خلاقی ماحصل جذب نیرو و تکمیل شدن آنهاست و از آنجایی که زندگی یک عمل خلاق است ما نیز پیوسته در حال جذب شدن و جذب کردن نیروهای تکمیلی هستیم. این فرآیند رمزگونه زمانی صورت می‌گیرد که کسی نیرویی تکمیلی و یا مشخصه‌ای را در شخص دیگر حس نماید. در چنین موقعی، این دو نفر مثل دو قطب آهن ربا به سوی یکدیگر جذب می‌شوند و در این میدان مغناطیسی عشق یعنی، نیروی لازم برای خواستن، تحریک و کشش به وجود می‌آید.

پرورش سیر زندگی

وقتی زن و شوهری توانستند تفاوت‌های یکدیگر را بشناسند و به آن احترام بگذارند می‌توانند شور و سرزندگی را در زندگی خود جاری سازند. زمانی که زن و مرد خیلی به یکدیگر شبیه می‌شوند، زندگی خسته‌کننده و یکنواخت می‌گردد. ما باید بتوانیم تفاوت‌ها را حفظ کرده و خصوصیات طرف مقابل را در خود جای دهیم. تا از زندگی یکنواخت و کسل‌کننده دوری گزینیم. در ابتدای روابط زناشویی این شور و هیجان است که نشان می‌دهد به چه چیزی جذب

شده‌ایم و چه چیز، دیگری را به سمت ما کشیده است. اگر شخصی به زودجوشی بودن دیگری جذب می‌شود ناخودآگاه این عمل در او نیز به فعالیت در می‌آید.

مردانی که به سوی زنانی بسیار حساس و عاشقانه جذب می‌شوند خود دوست دارند شخصیتی خشن، منطقی و مصمم داشته باشند، چراکه این صفات در جرگه صفات مردانه قرار دارد و آنها عملاً به سوی زنی جذب می‌گردند که صفات زنانه بیش‌تری داشته باشند. این چنین مردی ناخواسته به سوی مشخصه‌های لطیف‌تر و سازگارتر بخش زنانه خود کشیده می‌شود و با حضور چنین زنی او نیز به دنبال این مشخصه‌ها رفته و ظرافت‌هایش بیدار می‌شوند. نه به این معنا که آن حالات خشونت و منطقی بودن را فراموش کند، بلکه سردی او با گرمی همسرش متعادل می‌شود. مرد در وجود خود مشخصه‌های ظریفی را جستجو می‌کند و آن زمان که همسرش به وی عشق می‌ورزد، حالات مردانه خود را احساس می‌نماید.

این تضاد در همه ارتباطات با شور و هیجان باقی است. یکی از مزایای تفاوت‌ها در بین زنان و مردان این است که آنان را به سوی یکدیگر جذب می‌نماید و با بیدار کردن حس آنها را به یکدیگر همانند می‌سازد و صمیمیت و هم فکری به ارمغان می‌آورد. اگر تفاوت‌ها نباشند، پیوندی برقرار نمی‌گردد و اگر شباهت‌ها نباشند، صمیمیت و یکدلی از یاد می‌رود.

چگونه جذابیت رنگ می‌بازد

آن زمان که زن و شوهری به تفاوت‌های مکمل خود احترام نگذارند نیروی خود را از دست می‌دهند و دیگر حضورشان برای دیگری شادی‌بخش نخواهد بود. اگر متفاوت و دوقطبی نباشند دیگر کششی به وجود نخواهد آمد، خنثی می‌شوند.

کم رنگ شدن جذابیت از دو راه صورت می‌گیرد. یا اینکه شخصی در جهت راضی نمودن همسر خود آن خود واقعی خود را سرکوب نماید و فدا سازد یا اینکه طرف مقابل سعی کند همسر را از هر نظر شبیه خود کرده و تغییر دهد. اگر در فکر انجام یکی از این دو راه هستید باید بدانید که تیشه به ریشه روابط زناشویی خود می‌زنید. در چنین حالتی شاید یک رابطه کوتاه به وجود آید اما فاقد هرگونه شور و نشاط خواهد بود.

در یک رابطه زناشویی اگر هر یک از زن و مرد، نیازی به سرکوبی خود واقعی پیدا کند یا در اندیشه تغییر تفکر خود یا همسرش باشد اشتیاق و میل جنسی رنگ می‌بازد. هر کسی که برای ابراز عشق و دوستی احساسات خود را زیر پا بگذارد در حقیقت خودش را دوست ندارد. چنین فردی به خود می‌گوید: «با این راهی که انتخاب کرده‌ای رابطه دوام نمی‌یابد. باید خودت را تغییر دهی. تو لایق دوست داشتن نیستی» این یعنی مرگ عشق، مرگ عاطفه. هر اقدامی برای تغییر خود یا دیگری تنها وضع را پیچیده‌تر می‌سازد.

هرگاه که در حیطه عشق اقدام به سرکوبی خود یا تغییر طرف مقابل کنید یعنی عشق را از صفحه دل پاک کرده‌اید.

ابتدا باید خود را تغییر دهیم، بعد دیگران

زمانی که زن و مرد به یکدیگر کششی پیدا می‌کنند هر یک در راهی جداگانه سعی دارند به دیگری نزدیک شوند. آن دو ارتباطی با هم پیدا می‌کنند، صحبت می‌کنند، با یکدیگر گرم می‌گیرند، همدیگر را لمس کرده، عشق بازی می‌کنند تا به احساس مشترک برسند و در پس آن میل، خوشبختی، دوستی، اعتماد و اوج لذت تجلی می‌یابد.

این احساسات در پی بیدار شدن حالات درونی دست می‌دهد و زوج احساس شادی می‌کنند اما این لذاید دائمی نیستند. برای اینکه انسانی کامل باشیم باید عملاً به این احساسات نیز پاسخ دهیم و اجازه دهیم در ما رشد نمایند. هرچه در مقابل این خصوصیات جبهه‌گیری نماییم احساس لذت و خوشی را از خود سلب کرده و حتی حالت‌های تدافعی آنها را خواهیم چشید. به عنوان مثال: وقتی که مرد، در خود احساس می‌کند زن را دوست دارد عواطف او برانگیخته شده و دلسوز و پرمحبت می‌شود و این امر موجب می‌گردد که در ابتدا بسیار با احساس و شاد باشد. شرایط و حالات روحی حاکم بر او خواهند گفت که چنین رفتاری برای یک مرد مقبول و پسندیده نیست و نباید تا این حد احساساتی و عاطفی بنماید. بنابراین در مقابل چنین احساسی از خود مقاومت نشان می‌دهد. با بروز این علامت، مرد با پنداشت اینکه تبدیل به فردی سبک خواهد شد این احساسات را از خود دور کرده و در هنگام دیدار همسرش خود را ناراضی، ساکت، افسرده و به طور کامل ماتم زده نشان می‌دهد.

هر انسانی به هر میزان که در به وجود آمدن این حالات در خود مقاومت کند، به همان شدت از برقراری یک رابطه واقعی واهمه خواهد داشت.

برای جلوگیری از پریشانی که در اثر مقاومت در برابر نیروی درونی به وجود می‌آید شخص سعی در تغییر خود یا همسر خود دارد. اینکه زنی بخواهد مثل شوهر خود بشود یک تقاضای نابه جاست. شوهر نیز نباید انتظار داشته باشد که هر آنچه که او می‌پسندد همسرش نیز همان را بخواهد. همان احساس را داشته باشد که او دارد و همان عملی را انجام دهد که او انجام می‌دهد. چنین خواسته‌ای یا قصد تغییر دادن طرف مقابل برای رسیدن به چنین وضعی، نه تنها باعث رنجش می‌گردد، بلکه میل جنسی را نیز کاهش می‌دهد.

از سوی دیگر، شاید زن نیز در به وجود آمدن چنین وضعی به اندازه شوهر سهیم باشد. همان‌طور که برای پریدن دو بال نیاز است. این وضعیت هم می‌تواند دوطرفه باشد. وقتی که نیروی مقاومت زن برای برقراری یک رابطه ظهور می‌کند شاید زن درصدد انکار تمایلات خود برآید.

زمانی که زن احساس به کنترل درآوردن و تغییر دادن مردی را دارد می‌تواند به راحتی موجبات تطبیق دادن، پذیرش و انکار خویشتن را به وجود آورد. در چنین حالاتی زنان بیش از هر زمان دیگری به مردان وابسته می‌شوند و عشق و علاقه خود را به شوهر ارزانی می‌دارند تا محبتی دریافت کنند و تعادل برقرار شود.

عکس این مطلب نیز می‌تواند رخ دهد. مردی که بخش زنانه وجودی‌اش به حد زیادی رشد یافته باشد بیش از اندازه مطیع خواسته‌های همسرش می‌شود.

این مردان را «حساس» می‌نامند و عمده مشکلی که چنین مردانی با آن روبه رو هستند این است که زنان آنها را دوست دارند ولی هیچ گاه به سوی آنان جذب نمی‌شوند و نمی‌خواهند رابطه‌ای صمیمانه با آنها برقرار کنند.

زنی که به سوی چنین مردی جذب می‌شود خود عشق مردانه درونی‌اش را پرورش داده است. این چنین زنی بیش از حد مستقل و تدافعی عمل می‌کند و در صدد کنترل و تسلط همسر خود خواهد بود. رفته‌رفته که این اطاعت و تبعیت را از همسر خود می‌بیند علاقه‌اش نسبت به او کم رنگ‌تر می‌شود.

بعد از گذشت مدتی، یک زن مستقل، عشق زنانه وجودی‌اش که سرکوب شده بود دوباره بیدار شده و ظهور می‌کند- به همان شدتی که سرکوب شده بود. در این هنگام است که قصد پس زدن شوهر حساس خود را دارد. شاید با خود بیندیشد: «من به یک مرد واقعی نیاز دارم.» و این زمانی است که نیاز به توسعه بخش زنانه خود دارد. البته او قلباً نمی‌خواهد شوهر خود را پس بزند. این عمل مربوط به بخش زنانه خفته اوست که حالا بیدار شده است.

یک مرد حساس نیز به همین شیوه یک زن تهاجمی را کنار می‌زند. او در این هنگام درصدد گسترش عواطف مردانه خود است. او با خود می‌گوید: «دوست دارم همسرم زنی آرام و ظریف باشد.» درواقع او نیاز به همسری دارد که او را یک مرد بداند. حال که بخش مردانه درونی او تجلی پیدا کرده است، همسرش در کنارش باشد و او را کمک کند.

چرا در مقابل تفاوت‌ها ایستادگی می‌کنیم

با شناخت مفهوم ایستادگی می‌توان فهمید که چرا در ابتدای یک رابطه زن و مرد اشتیاق فراوانی دارند و در مقابل یکدیگر تسلیم می‌شوند و بعد از مدتی این شور و هیجان کاهش یافته و به سردی می‌گراید. یک زوج در ابتدای ازدواج، عاشقانه در این ارتباط پا می‌گذارند اما رفته رفته مقاومت‌هایی بروز می‌کند که سعی دارند یا خود را با آن تطبیق دهند یا دیگری را تغییر. با شناخت عوامل مهمی که موجب بروز این ایستادگی‌ها می‌شوند خیلی از مسائل حل می‌گردد. برخی از دلایل مقاومت مردان و زنان عبارتند از:

۱- مرد خشن (مردی که در برابر زن مقاومت می‌کند دارای صفت مردسالاری است.)

۲- زن خشن (زنی که در مقابل مرد ایستادگی می‌کند دارای صفت زن سالاری است.)

۳- مرد حساس (مردی که بخش زنانه او توسعه یافته و بخش مردانه‌اش سرکوب شده است.)

۴- زن مستقل (زنی که بیشتر بخش مردانه‌اش توسعه یافته و بخش زنانه‌اش سرکوب شده است.)

بعضی اشخاص فقط در یک نوع از این انواع چهارگانه می‌گنجند و برخی دیگر از قالبی به قالب دیگر در می‌آیند. بعضی مردان گاه در قالب مرد خشن و گاه مرد حساس تغییر می‌یابند. زنان نیز گاه مستقل بوده و گاه حساس.

مرد خشن

یک مرد خشن و عصبی به طرف زن گرایش پیدا می‌کند. زن بخشی از وجود توسعه نیافته او را انعکاس می‌دهد. او می‌تواند با برقراری یک رابطه احساس بهتر و کاملتری را تجربه کند، زنده، دقیق و بامحبت شود. بروز این صفات موجب ایجاد صمیمیت با زن می‌شود اما مشکلات صمیمیت نیز ظهور می‌کند.

مرد در ارتباط با همسر خود به طور غیرقابل انکاری سعی در مقاومت در برابر تفاوت‌ها با همسر خویش دارد. برقراری یک ارتباط با همسر باعث بروز بخش زنانه درونی او می‌شود و به همان میزان که قبلاً دوست داشته است چنین اتفاقی رخ دهد، حالا شروع به پس زدن همسر خود می‌کند. مثلاً هنگامی که شوهر به همسر خود عشق می‌ورزد بیشتر احساساتی و عاطفی می‌گردد و به محبت و توجه خاصی نیاز پیدا می‌کند که این حالات مربوط به بخش زنانه اوست و از آنجایی که قبلاً آموخته است که احساساتی بودن برای مرد رسم پسندیده‌ای نیست شروع به مقاومت در برابر این رشد طبیعی خواهد کرد.

شاید این حالت ریشه در دوران کودکی او داشته باشد. آن زمانی که پدر وی در مقابل بخش زنانه مادرش مقاومت به خرج داده است. اگر پدر او نسبت به خصایصی مانند: احساساتی بودن، زودرنجی مادر بی‌اعتنایی و یا بددهانی می‌کرده است، آن کودک ناخودآگاه در حین رشد خود نسبت به این صفات مقاومت نشان داده است. این حرکت پدر باعث شده که او فکر کند احساساتی بودن برای مردان خوب نیست و نباید گریه کنند.

یک کودک در طی عمر خود شاید بارها و بارها چنین پیام‌هایی را دریافت نماید و این افکار در ذهن او نقش بندد و هنگامی که در بزرگسالی عاشق زنی شود، آن احساسات ظریف و معصومانه رشد می‌کنند اما آن تعالیم و پیش‌ذهن‌هایی که او دارد حالا برایش محدودیت‌هایی را به وجود می‌آورند و در چنین مواقعی او به راستی نمی‌داند که چه کاری باید انجام دهد. مقاومتی که در این زمان روی می‌دهد به طور ناخودآگاه در برابر بخش زنانه اوست. او حالاتی مانند: ناراحتی، تهاجم، انتقاد، ناامیدی، زورگویی، ناشکیبایی و سکوت را از خود بروز می‌دهد و خود دلیل آن را نمی‌داند.

او با این ایستادگی‌ها در برابر حوائج زنانه وجودی خویش سعی بر آن دارد که همسر خود را پس زده یا او را اصلاح کرده و احساسات او را بی‌اهمیت جلوه دهد. او در جهل و نادانی از وضعیت خود به سر می‌برد و همسر خود را باعث چنین وضعی می‌داند. او همان نظری را که نسبت به حالات زنانه خود دارد در مورد همسر خود نیز بیان می‌دارد. اگر مردان خشن آموزش و اطلاعاتی در مورد ارتباط و نحوه آن مانند این کتاب در اختیار نداشته باشند شاید زمان زیادی طول بکشد تا بتوانند این بخش وجودی خود را بازشناسند.

برای رفع این مشکل و برطرف شدن این مقاومت یک مرد خشن باید صفات و قابلیت‌های زنانه خود را بازشناسد و به آنها احترام بگذارد. باید بیاموزد که به زنان با دیده احترام بنگرد، به حرف‌هایشان گوش فرا دهد و هم آنها را و هم احساسات خود را درک کند. این عمل باعث می‌شود که از زنجیر اسارتی که در اثر آموخته‌های دوران کودکی بر پای خود بسته است رها شود.

ترحم و دلسوزی مرد زمانی بروز می‌کند که اهتمام ورزد و بداند زن به راستی چه نیازی دارد. شاید او حتی نیاز داشته باشد در مورد مادر خود نیز خود را آرام کند. باید به خاطر داشت که اگر مردی بخواهد در مورد زنان قضاوت کند باید ابتدا کفش پاشنه بلند بپوشد و دو کیلومتر راه برود، آنگاه برای قضاوت آماده شود.

زن عصبی و خشن

همان عکس‌العملی که در مردان بروز می‌کند، در زنان نیز اتفاق می‌افتد. مثلاً وقتی یک زن عصبی همسرش را دوست دارد به طور طبیعی خیلی قوی و راسخ و مستقل می‌شود. این حالات متعلق به قسمت مردانه شخصیت اوست. او با عشق‌ورزی، حس اعتماد و قبول کردن حالات تداخلی و جاذبه همسر خود در پیِ پیوند دادن آن حالات با حالات درونی خود خواهد بود. اگر او این ذهنیت را داشته باشد که: زنانی که خیلی مستبد هستند در اجتماع پذیرفته نمی‌شوند، باعث می‌شود که ناخودآگاه در برابر فرآیند طبیعی مقاومت نماید. شاید در کودکی آنها بارها و بارها این عبارات را شنیده باشند که نباید در برابر مردان از موضع قدرت برخورد نمایند و باید همیشه مطیع آنان باشند.

وجود چنین تقلیدهای ذهنی برای کودکی که رفتار مادر خود را می‌بیند و می‌فهمد که او صفات مردانه خود را سرکوب می‌کند جالب توجه است. هنگامی که دخترپچه‌ای مادر خود را عصبی می‌بیند، می‌پندارد که این حالتی زنانه است که باید او نیز بیاموزد. وقتی می‌بیند که پدر با مادر و خواهران

نوعی رفتار دارد و با برادران رفتار دیگری، او سعی می‌کند مطیع اوامر پدر شود و خود را در جهت تأمین خواسته‌های پدر سوق می‌دهد. مادری که همیشه به حرف‌های پدر گوش می‌داده و این ذهنیت را به وجود آورده است که زنان نباید حضور چندانی در جامعه داشته باشند، با این شیوه رفتاری، دختر کوچک هزاران پیام را دریافت می‌کند و می‌آموزد که: «زنان نباید مانند مردان رفتار کنند.»

چنین دختری زمانی که عاشق مردی می‌شود به ناگاه بخش مردانه وجودش ظهور می‌کند و به دلیل همان آموخته‌های منفی دوران کودکی حالات مردانه را کاری خطا می‌داند و رفته‌رفته محافظه‌کار، خود رأی، بی‌اعتماد، دورو و منزجر از شوهر خواهد شد.

او همیشه با حالات مردانه وجودی خود درمبارزه بوده است و حالا همین مبارزه را با هر فرد دیگری نیز آغاز می‌کند. درحالی‌که درون او با چنین رفتاری مقاومت می‌نماید، او سعی دارد که در برابر شوهر خود ایستادگی کند. در آخر از او منزجر شده و او را دفع می‌کند.

یک زن خشن، برای رسیدن و استیلا به این مقاومت درونی باید مستقل و خودرأی باشد. قبل از هر کاری او باید خود را متقاعد کند که از دیگران کمک بگیرد و تأمین نیازهای خود توسط شوهر را در صدر امور کاری خود قرار ندهد. چون او همیشه در ذهن خود مشغول حساب و کتاب است. او باید به جایی برسد که ببیند حساب و کتاب او ارقامی نابرابر را نشان می‌دهند و حساب شوهرش از او بیشتر است. در این موقعیت او باید به عفو و گذشت

روی آورد تا رنجش‌ها از بین بروند. باید تمامی احساسات منفی را که از گذشته در ذهن او حک شده‌اند را تسکین داده و پاک نماید. چه بسا او نیاز داشته باشد خود را از قید اثرات بدی که اعمال پدرش در او گذاشته‌اند، آزاد سازد.

مرد احساساتی

هنگامی که یک مرد احساساتی درگیر عشق می‌شود حالات مردانه‌ای که در او سرکوب شده بودند به عرصه ظهور می‌رسند و او به طور غریزی این حالات نوشکفته را طی می‌کند و می‌اندیشد که «این حالات خشن باعث ویرانی زندگی هستند.» یا اینکه «جذبه، عین غرور است و در ضمن منطقی بودن هم زیاد خوب نیست.»

این ذهنیات منفی ریشه در دوران کودکی او دارند. شاید او در کودکی شاهد رفتار پدر بوده است که با نیروی تهاجمی خود به عوض سازنده بودن نشانگر بدرفتاری او بوده است. پسر با دیدن این رفتار ناپسند پدر، از آن پس این حالات مردانه را در خود سرکوب کرده و بیشتر کششی به سوی مادر احساس می‌کند. او با دیدن رفتار مستبدانه و پرسشگر پدر، از قدرت و هوش برداشتی منفی داشته است.

این مرد حساس احتمالاً در زمان کودکی خود شاهد نزاع‌هایی بوده که بین پدر و مادر روی داده است، در آن زمان مادر از خود کرنش نشان داده و تحت آزار پدر قرار گرفته، بنابراین او حالات مردانه را در خود پس زده است.

بدگمانی‌هایی که مادر نسبت به پدر از خود نشان می‌داده او را نسبت به این بخش وجود خود بدگمان کرده است.

مردی که این چنین حالات را در خود از بین می‌برد به سوی زنی گرایش پیدا می‌کند که این حالات را در خود گسترش داده باشد. همان‌طور که گفتیم امتزاج این دو نیرو هیجان و جاذبه می‌آفرینند اما زمانی که نیروهای درون شروع به رشد می‌کنند وضع فرق می‌کند. از آنجایی که صفاتی چون حالت تهاجم، امر و نهی، قدرت‌نمایی را منفی می‌داند از درون مقاومتی در برابر این صفات اعمال می‌شود که این مقاومت بر همسر او تأثیر می‌گذارد و او ناخودآگاه به سوی صفاتی چون انتقاد، بدگمانی، دو رویی و تنفر کشیده می‌شود.

برای اینکه یک مرد احساساتی بر این مقاومت درونی غلبه کند باید خود را در وضع به وجود آمده دخیل و مسئول بداند. او باید کمی بااراده، منطقی و معقول شود و کمتر بر قوه احساسات خود اتکا کند و تمام تصمیمات را بر پایه عقل و منطق بنا نماید. او باید حرف‌ها و خواسته‌های بیش از نیاز همسر را نادیده بگیرد و روی حرف خود بایستد. او باید برای به دست‌آوردن حس مردانه خود بیشتر با مردان در تماس باشد. با آنها گفت‌وگو کند، در جمع آنان حاضر شده و به ورزش و تحرک بپردازد.

اعتلای رابطه خود با پدر نیز از درجه بالایی از اهمیت برخوردار است. پدر نیز یکی از مردانی است که می‌تواند درس‌هایی به او بیاموزد.

زن مستقل

یک زن اگر حالات سرکوب شده زنانه‌ای داشته باشد بیشتر به سوی مردی کشش پیدا می‌کند که حالات زنانه بیشتری در او سراغ گیرد و در این صورت کیفیات زنانه او ظاهر می‌شوند اما پیش زمینه‌های ذهنی او در این مورد او را از این حالت باز می‌دارد. چراکه او عقیده دارد انسانی ظریف، حساس و ضعیف است و یک زن نباید به دیگری وابسته شده و احتیاج داشته باشد، چون محتاج دیگری شدن یعنی: قربانی شدن.

هنگامی که این‌گونه نیازها و خواسته‌ها در یک زن خودرأی به عرصه ظهور می‌رسند وجود او را وحشتی فرا می‌گیردکه لاجرم در مقابل شوهر مقاومت می‌کند. زنی که بیشتر احساس استقلال و خودکفایی دارد آشکار شدن هویت زنانه خویش را امری ناپسند می‌داند و از اینکه مورد قضاوت و انتقاد دیگران قرار گیرد و خاطرش آزرده شود واهمه دارد. چنین زنی دوست دارد یک شوهر با حالات فوق‌العاده مردانه داشته باشد تا حس زنانه را در او زنده کند. تا زمانی که به راستی احتیاج به احیای بخش زنانه وجود خود را حس کند، نسبت به شوهر خود بی‌اندازه انتقادگر، متوقع و کنجکاو می‌شود.

شاید مسائلی که باعث شده تا او بخش زنانه وجود خود را سرکوب کند ریشه در کودکی وی داشته باشد. آن زمانی که او شاهد ناراحتی و قربانی شدن مادر خود بوده است. حالتی که بسیار لطیف و شیرین است و از یک دختر کوچک در سنین بلوغ، دختری ملایم و دلربا را به وجود می‌آورد. او با دیدن بخت بد

مادر، از اینکه او انسانی ضعیف و بی‌پناه است دلخور می‌شود و برای اینکه خود دچار چنین عاقبتی نگردد بخش زنانه خود را سرکوب می‌کند. اگر در این زندگی پدر نیز به مادر امر و نهی می‌کرده و به او ایراد می‌گرفته، این امر باعث می‌شود که فکر کند نباید احساساتش را بروز دهد و این کار را بیهوده تلقی می‌کند.

زن مستقل برای رهایی از این مقاومت درونی باید در شرایط و مواقعی که احساس حمایت و امنیت می‌خواهد طوری عمل نماید که احساسات و عواطف زنانه خود را بروز دهد.

یک زن مستقل باید در جدال ذهنی خود با شخصیت مادر کنار آید و پذیرای آن شود و تمام صفات مادر را با ارزش و نیکو بداند.

یک زن مستقل در زندگی خود به دنبال اطمینان و آرامش است. در کنار اینها او باید به خود این امکان را بدهد که احساسات منفی را هم تجربه کند، آزرده‌خاطر شود و آسیب پذیر. در پرتو بروز این احساسات در جهت ساختن آنها بر می‌آید و با تکرار احساس زنانه دیگر هیچ ناراحتی از اینکه زن است نخواهد داشت. رفته رفته می‌آموزد تا علاوه بر بخش مردانه خود عواطف زنانه را نیز محترم بداند.

او باید بداند که هر زمان احساس استقلال و خودرأیی داشته باشد، ممکن است همسرش علاقه کمتری به او نشان دهد و این باعث می‌شود احساس پوچی نماید. هرچه او بتواند عواطف زنانه خود را بیشتر بروز دهد، بیشتر می‌تواند این عواطف را با بخش مردانه وجودش متعادل سازد.

کودکان از راه‌های مختلفی در می‌یابند که به جنبه‌های متفاوت وجودی خود علاقه‌مند شوند یا آن را در خود سرکوب نمایند. این مشکل را می‌توان به وسیله بالا بردن فهم و شعور آنان و آگاهی رفع کرد. می‌توانند توسط آموزش به قبول و احترام به تفاوت‌های جنسی خود نایل شوند و در این صورت نه تنها در زندگی زناشویی موفق خواهند بود، چه بسا به ارزش وجودی خود هم واقف می‌گردند. این چنین برداشتی ما را از تصویری که هم‌اکنون از خود داریم رها خواهد ساخت.

دید مردان و زنان

زنان و مردان هر یک جهان را با عینک‌های متفاوتی می‌بینند. عموماً مردان دنیا را به طور متمرکز می‌بینند و زنان دید وسیع‌ترین نسبت به دنیا دارند. در پس این دید متفاوت دقت نظر و درک مختلفی هم خواهند داشت.

عملکرد آگاهی و دید مردان به این صورت است که مسائل و اشیا را به صورت پی‌درپی به یکدیگر ارتباط می‌دهند و به تصویر کلی می‌رسند. مردان برای دیدن چنین تصویری مانند اجزای پازل، تکه‌ها را یکی‌یکی به یکدیگر می‌چسبانند تا دورنمای کلی را به دست آورند اما آگاهی و نحوه دید زنان بسیار وسیع و باز است. زنان ابتدا تصویر کلی را می‌بینند و آرام آرام ریز مسائل را شناسایی می‌کنند که چطور به یکدیگر پیوند خورده‌اند و با هم ارتباط دارند. زنان روی زمینه تصویر حساسیت بیشتری دارند.

این تفاوت‌های دیداری روی شایستگی‌ها، غرایز و علایق نیز مؤثر است. چنین وسعت دامنه دیدی، باعث می‌شود که زنان در عشق، برقراری روابط، اطلاع رسانی، گفت‌وگو، همکاری و درک مستقیم بیشتر علاقه نشان دهند. آگاهی و هوشیاری متمرکز مردان سبب می‌شود که آنان بیشتر در رسیدن به هدف، قدرت رقابت و منطق توانایی داشته باشند.

دید متمرکز و دید وسیع

دید متمرکز را می‌توان به حرکتی حلزونی شکل تشبیه کرد که به دور یک محور در حرکت است. همچون شخصی که نوک پیکان‌های خود را به سوی هدفی خاص نشانه گرفته باشد. دید و درایت وسیع مثل حرکت مارپیچ است که به سوی خارج در حرکت است. مانند یک بشقاب گیرنده امواج ماهواره‌ای. این بشقاب از تمام جهات امواج را می‌گیرد و به سایر نقاط می‌فرستد. دید باز مانند یک نورافکن عمل می‌کند و دید متمرکز همانند اشعه لیزر است که هر کدام در نوع خود دارای ارزش و مزیت هستند. می‌توانیم با کمی دقت شاهد این دید مردان و زنان در مشاهدات روزمره خود باشیم.

دختران و پسران پیشاهنگ

وقتی که با نحوه دید زن و مرد آشنا شدیم، در می‌یابیم که یک زن به طور ذاتی و غریزی آینده را پیش‌بینی می‌کند و آینده‌نگر است. از سوی دیگر مردان نیز با دید متمرکز خود، دغدغه رسیدن به هدف را دارند. مردان همیشه نگران رسیدن به هدف هستند و زنان در فکر اینکه اگر به هدف رسیدند چه کاری باید انجام دهند؟!

این حقیقت را می‌توان با نگاهی به دختران و پسران پیشاهنگ دریافت. زمانی که پسران پیشاهنگ دل‌مشغولی این را دارند که چطور از یک منطقه به منطقه دیگر بروند، دختران فقط در فکر این هستند که وقتی به مقصد رسیدند چه غذایی بخورند.

زمانی که به مقصد می‌رسند وضع پسران به این شکل است: یکی از آنها می‌پرسد: «خوب چه کسی غذا را آورده است؟» و در پاسخ به او می‌گویند: «من نمی‌دانم، فکر کردم یکی از شما غذا را می‌آورید.»

علت اینکه آنها به چنین وضعی گرفتار می‌شوند این است که پسران خود را آماده این بخش نکرده بودند. آنها به قدری در رفتن متمرکز شده‌اند که دیگر به چیزی فکر نکردند. چراکه آنها دید بازی ندارند. برای همین است که پسران همیشه آموزش آمادگی می‌بینند. در حالی که دختران خردسال از آنجایی که خود به طور طبیعی آماده هستند. نحوه برخورد و رفتار را آموزش می‌بینند. مانند یک «دستگاه رادار» درایت و هوش دختران باعث می‌شود که همه چیز را در نظر داشته باشند و کم و کاستی در کارشان به چشم نخورد.

اما باید گفت با اینکه دختران سعی زیادی درآماده شدن خود دارند اما معمولاً دیر به مقصد می‌رسند. شاید احساس می‌کنند سفر مخاطره‌آمیزی پیش‌رو دارند و همین ترس باعث کاهش سرعت و تأخیر آنها می‌شود. وقتی که از نتیجه اطلاعی نداشته باشیم ترس هم به دل راه نمی‌یابد.

مردان و زنان و خریدی متفاوت

مرد به هنگام خرید باید متمرکز باشد اما اگر زن متمرکز باشد خیلی زود خسته و دلزده می‌شود. به خصوص اگر در یک مکان بزرگ و شلوغ باشد. برعکس اگر مردی هدف خریدی متمرکز را نداشته باشد نمی‌تواند ادامه راه دهد. از همین روست که همیشه زنان بیش از مردان به خرید علاقه نشان می‌دهند.

یک زن می‌تواند با خرید کردن آگاهی زیادی کسب نماید. آگاهی از محیط و مردم، خرید در جهت تأمین نیازهای خانواده و گسترش روابط عمومی، با دیدن اجناس یک فروشگاه، هوش زن بالاتر می‌رود. او در این هنگام به نیازهای خود و خوانواده‌اش می‌اندیشد. وقتی لباس زیبا می‌بیند فکر او به سوی جشن و عروسی کشیده شده و خود را در آن لباس تصور می‌کند و از پوشیدن آن لباس احساس لذت کرده، آن را در می‌آورد و سر جایش می‌گذارد، به این ترتیب ارضا می‌شود.

نیم ساعت وقت برای خسته و دلزده کردن یک مرد در یک خرید غیرمتمرکز کافی است. یک زن بدون احساس خستگی ساعت‌ها به خرید تمرکز نیافته می‌رود و شادمان نیز بازمی‌گردد.

مطالعه روی خرید زن و مرد در آمریکا رو به فزونی گذاشته است. یکی از نتایج این مطالعات این است که در فروشگاه‌های بزرگ لباس زنانه صندلی‌هایی برای مردانی که همراه زنان خود به خرید آمده‌اند تعبیه شده است.

یکی دیگر از تفاوت‌های بارز بین خرید زن و مرد در سوپرمارکت‌هاست. زنان در سوپر مارکت‌ها بیشتر صرفه‌جویی به خرج می‌دهند و به دنبال خرید اجناسی هستند که تخفیف دارند و به حراج گذاشته شده‌اند ولی مردان در پی اجناس مرغوب هستند. مردان در پی پول درآوردن هستند نه ذخیره کردن. برای همین در فروشگاه‌ها، مردان به دنبال خرید و خرج کردن هستند و در محل کار تنها به فکر پول درآوردن.

توجه به شوهر هنگام کار

وقتی که یک مرد مشغول کار و فعالیتی است زن باید بداند که مزاحم او نشود. اگر در این حین ضرورتی ایجاب کرد باید به نحوی که او ناراحت نشود توجهش را از کار به سوی خود جلب نماید تا مرد بتواند برای کار واجب‌تر متمرکز شود.

برای اینکه زن نتیجه بهتری بگیرد با جملاتی مانند: «عزیزم می‌دانم مشغول کار هستی، ولی می‌خواستم چند دقیقه وقتت را بگیرم. آیا وقت داری؟» یا «میتوانم با تو کمی صحبت کنم؟» حواس همسر خود را به سوی خود جلب نماید.

اگر زن چنین خصوصیتی را در شوهر خود ببیند دیگر در موقع کار او را به بی‌توجهی نسبت به خود محکوم نمی‌کند. او می‌داند شوهر مشغول کار بوده و حواسش قبل از او به کار دیگری معطوف شده است. اگر شوهر در حال نگاه کردن به اخبار تلویزیون است زن نباید یکباره از او بخواهد که با هم به گفت‌وگو بنشینند، بلکه باید از او سؤال کند که چه زمانی وقت دارد تا با هم حرف بزنند. در چنین موقعی اگر شوهر بگوید: «همین حالا» اما تلویزیون را خاموش نکند نشانگر این است که خود او هم نسبت به این تمرکز اطلاعی ندارد. او می‌پندارد که می‌تواند هم به صحبت‌های زن خود گوش دهد و هم تلویزیون نگاه کند. در این وضع اگر حواسش به طور کامل به همسر خود معطوف نباشد، زن نباید از دست او برنجد و آن را بی‌اعتنایی تلقی کند.

مردان نگران

نحوه برخورد و دید زنان و مردان در شرایط نگرانی و ناراحتی نیز بسیار متفاوت است. مردان دیدی متمرکز دارند و زنان با دید بازتری به مسئله می‌نگرند. همین تفاوت دید باعث بروز سوءتفاهماتی بین آن دو می‌گردد. مثلاً وقتی یک مرد در محل کار خود با مشکل روبه‌رو باشد نمی‌تواند تمرکز خود را

از روی آن موضوع از دست بدهد و به چیز دیگری بیندیشد. هنگامی که از محل کار به منزل باز می‌گردد هنوز درگیر آن مشکل خود است و همسرش او را ناراحت، بی‌توجه و آشفته می‌یابد.

هرچه مشکل مرد در محل کار جدی‌تر باشد، تمایل او به کناره‌گیری و تنهایی بیشتر خواهد بود. اگر در این حال کسی با او شروع به صحبت کند ناگاه روزنامه‌ای را برداشته به گوشه‌ای می‌رود و وانمود به مطالعه می‌کند. باید بدانیم این رفتار نه بی‌اعتنایی به همسر تلقی می‌شود و نه توهین. او ناخواسته خود را با خواندن روزنامه سرگرم می‌کند. چون هنوز در ذهن با مسئله شغلی خود در ارتباط است و روی آن تمرکز دارد. اگر همسر او متواضعانه بخواهد که حواسش را به او بدهد و حرف‌هایش را گوش دهد شاید او این خواسته را اجابت نماید. اگر چنین نشد و بی‌اعتنا بود زن باید منتظر شود تا شوهر حواسش را به او بدهد.

مرد نیز باید بداند در چنین مواقعی که فکری مشغول و آشفته دارد نمی‌تواند پاسخگوی نیازهای همسرش باشد اما یک تصمیم عاقلانه این است که این ناراحتی‌ها را کنار بگذارد و به همسرش توجه نماید. اگر مرد نتواند تمرکز روی مشکلات شغلی خود را کمتر کند، خود را به دردسر می‌اندازد.

توصیه من برای مردان این است: هنگامی که به مطالعه مجله یا روزنامه می‌پردازند و همسرشان قصد صحبت با آنها را دارد، باید ابتدا مجله را کنار بگذارند. اگر در حال دیدن تلویزیون هستند، آن را خاموش کنند و به حرف‌های همسر خود با دقت گوش دهند. چنانچه زن دریابد تمام توجه

شوهرش به او معطوف است. چنین حرکتی باعث می‌شود کـه از تمرکـز مـرد روی مشکل شغلی‌اش کاسته شود و به مسائل خانوادگی نیز بپردازد. اگر زن و مرد دارای فرزندانی هم باشند باید این حرکت را برای آنان نیـز انجـام دهنـد. بچه‌ها هم دوست دارند که به حرف‌های آنها گوش داده شود.

دریافت حس بهتر به روشی متفاوت

همان‌طور که گفتیم واکنش زنان و مردان در شرایطی که تنش و فشار زیادی را متحمل می‌شوند متفاوت است. اگر زنی تحت فشار عصبی باشد بیشتر میل دارد که صحبت کند و خود را تخلیه نماید و در آن حالت اگر به مشکلات آنها گوش داده شود بسیار آرام‌تر خواهند شد. یک مرد میل دارد خود مشکلاتش را بررسی نماید و به روی مهم‌ترین آنها تمرکز کرده و راهکاری برای حل آنها پیدا کند.

مثالی در این مورد عنوان می‌کنیم. زنی قصد دارد مشکل خود را با همسرش در میان بگذارد تا به حس بهتری برسد، ولی شـوهر مـدام حـرف او را قطـع می‌کند و راه‌حل پیشنهاد می‌دهد، در آخر این امر منجر بـه عصبانیت و ناامیدی هر دو می‌شود.

چطور یک زن باعث ناراحتی همسر خویش می‌گردد

مردان گاه سعی دارند که همسر خویش را با راهنمایی‌های خود از رنجشی که به دل دارد، رهایی بخشند. زنان نیز به همین صورت مردان را راهنمایی می‌کنند. اما هنگامی که مردی از مسئله‌ای ناراحت شده است تنها کافی است که در یکی دو جمله کوتاه حرف خود را بیان کنند تا مرد احساس آرامش نماید. زنان بیشتر در چنین مواردی ناخواسته به ناراحتی و رنجش مردان دامن می‌زنند.

مردان با عنوان کردن مسئله‌ای انتظار کمک و یاری دارند ولی زنان نه تنها کمکی به شوهران خود نمی‌کنند، بلکه از در پند و اندرز وارد شده و قصد اصلاح آنها را دارند. آنچه مهم است این است که شوهر قصد گوش دادن به نصیحت را ندارد. او تنها در پی کمکی از سوی همسر خویش است. اگرچه زنان قصد دارند به گونه‌ای فعالانه مردان بالیاقتی از همسران خود بسازند و به رفع ایرادهای آنان بپردازند، این اشتباهی است که بیشتر زنان انجام می‌دهند و نمی‌دانند که با این کار خود چطور احساسات همسر خویش را نادیده می‌گیرند. مردان نیز بعضی مواقع در پی استفاده از بخش زنانه خود، بیشتر تمایل دارند که احساسات خود را بروز دهند و حرف بزنند تا به احساس بهتری دست یابند. در این موارد زنان ناخواسته این احساسات را سرکوب می‌کنند. اگر این اتفاق چندین بار روی دهد دیگر مرد تمایلی به حرف زدن پیدا نخواهد کرد.

وقت نصیحت کردن شوهر را بشناسید

با تمام این احوال یک مرد گاهی نیاز دارد که به نصیحت و سخن دیگران گوش فرادهد. زن هم قصد کمک به او را دارد. ولی از راه صحیح وارد نشده و ناآگاهانه باعث سکوت او می‌شود. مردی که به یک مشکل برخورد کرده است و راه‌حلی برای آن نمی‌یابد نیازمند یاری و کمک دیگران است. او مسئله خویش را عنوان می‌کند و نظر و عقیده دیگران را جویا می‌شود. اگر طرف صحبت نیز یک مرد باشد، بسیار احتمال دارد که بگوید: «مردان خود مشکلات را حل می‌کنند.» و آن مرد با شنیدن این جمله احساس بهتری می‌کند چراکه او خواهان شنیدن همین جمله بوده است.

اگر مرد مشکل خود را برای یک زن عنوان کند، او به راستی درصدد کمک کردن بر می‌آید و در این راه ممکن است دچار اشتباهی نیز بشود. شاید بخواهد چیزی را به اطلاع او برساند که موجب سکوت او می‌شود. شاید قصد داشته باشد افق‌های وسیع‌تری را در مقابل چشمان او بگشاید که باز هم موجب رنجش او می‌گردد.

وقتی که زنی از مشکل مردی آگاه می‌شود ناخواسته موجبات رنجش او را فراهم می‌سازد، چراکه به شیوه خاص زنانه درصدد حل مشکل بر می‌آید. زنان می‌توانند مشکل ایجاد شده را طوری تعریف نمایند که چطور از به وجود آمدن آن جلوگیری کرده‌اند یا مشکل را بزرگ‌نمایی کنند. آنان در این امر به قدری ماهر هستند که می‌توانند طرف مقابل را تحت تأثیر قرار دهند. آنها با اعمال هر یک از این شیوه‌ها باعث می‌شوند که مرد سکوت کرده و دیگر

حرفی نزند. وقتی که مردی احساس کند همسرش تظاهر به همدردی، کمک یا گوش دادن به مشکل او می‌کند بسیار ناراحت می‌شود.

هنگامی که یک مرد مشکل خود را مطرح می‌سازد و نظر همسرش را جویا می‌شود، هیچ دوست ندارد همسرش با دلسوزی چیزی را به او یاد دهد. بلکه تنها در انتظار شنیدن یک پیشنهاد است
.

مردان برای حل مشکل به راه‌حل و زنان به حرف‌زدن نیاز دارند

مردان همیشه در جستجوی راه‌حل هستند. هنگامی که با مشکل مواجه می‌شوند، به غار تنهایی خود رفته و سعی در یافتن راهکاری مناسب دارند. چنانچه بتوانند این راه‌حل را سریع بیابند با احساس بهتری از غار بیرون خواهند آمد. اگر راه‌حل مناسبی پیدا نکنند موضوع را با یک مرد دیگر که قابل اعتماد و احترام است درمیان می‌گذارند. این کار مردان به منزله دستیابی به افکار دیگران است.

وقتی یک زن دچار مشکل می‌شود، مرد گمان می‌کند او نیز باید در پی یافتن راه‌حل باشد. غافل از این در چنین موقعیتی زن تنها به یک نفر احتیاج دارد که مشکلش را با او در میان گذاشته یا اینکه خود راه‌حل‌هایش را عنوان کند و همسرش او را یاری دهد. مردان بدون آگاهی و به علت ندانستن این موضوع باعث ناراحتی و رنجش همسر خویش می‌شوند.

هنگامی که زن دچار یک مشکل است دوست دارد این ناراحتی را زمان کوتاهی تنها برای خودش داشته باشد. بعد تمایل دارد همسرش بدون اینکه

قصد راهنمایی او را داشته باشد تنها به او گوش دهد. زن با تخلیه و بیان مشکلات خویش احساس بهتری را تجربه می‌کند و از آن حس سردرگمی رهایی می‌یابد، حتی اگر با مشکل غیرقابل حل دست به گریبان باشد، شوهر فکر می‌کند که همسرش انتظار دارد به طور کامل او مشکلاتش را مرتفع نماید. از همین‌رو هنگام گوش دادن به همسر خود آزرده خاطر می‌شود. اگر راه‌حلی برای مشکل نداشته باشد یا اظهار کند که این مشکلی کوچک و پیش پا افتاده است باعث ازدیاد ناراحتی و افزایش افسردگی همسر خود خواهد شد. به چند نمونه از گفتارهای زنان که موجب ناراحتی همسرشان می‌شود توجه کنید.

۱- وقتی نمی‌توانی کاری از پیش ببری چرا مسئولیت آن را به گردن می‌گیری، عصبانیت چیزی را حل نمی‌کند.

۲- تا وقتی که از پیش آمدن اتفاقی مطمئن نیستی، چرا غصه آن را می‌خوری؟

۳- کاری بود که نباید می‌شد حالا که شده است و کاری نمی‌توان کرد.

این سه نصیحت باعث می‌شود که مردان احساسات خود را فروخورند و ساکت شوند. شاید در نگاه اول چنین کاری برای حل مشکل چاره‌ساز باشد، ولی همیشه کار درستی نیست و به عواطف صدمه وارد می‌سازد. زنان عموماً می‌دانند که وقتی مردی آزرده شود برای رهایی از این آزردگی نیاز به صحبت با دیگری دارد. حتی اگر در این میان راه‌حلی برای مشکل پیدا نشود. صحبت

کردن برای آنان آرام‌بخش است. زمانی که قصد دارند رابطه‌ای صمیمی به وجود آورند و آن را حفظ نمایند اقدام به صحبت کردن می‌کنند.

فراموشکار

باید بدانیم که برای انجام هر کاری باید تمرکز داشت، ولی همیشه داشتن تمرکز کامل در امری امکان‌پذیر نیست. وقتی که نیروی مردانه و زنانه در یک مرد با همدیگر متعادل نباشند، مرد تمرکز کافی روی همه کارها را نخواهد داشت و تنها روی یک کار متمرکز شده و بقیه را فراموش می‌کند. این خصوصیت مردان در روابط زنان اختلافات بی‌شماری را به بار می‌آورد. مثلاً ممکن است مردی همسرش را خیلی دوست داشته باشد ولی از آنجا که قابلیت‌های مردانه و زنانه او در حال تعادل نیستند و بسیاری از موارد مهم مانند روز تولد و سالگرد ازدواج را فراموش می‌کند یا ممکن است کارهایی را که همسرش به او محول کرده است از یاد ببرد. این امر دلیل بی‌محبتی و کم شدن علاقه وی نیست، بلکه تنها به این خاطر است که توجه او به کار دیگری معطوف شده است.

عموماً زنان نمی‌توانند این نوع فراموشی را موجه بدانند. آنها دلیل این امر را در بی‌علاقگی جستجو می‌کنند. زنان عقیده دارند مردی که تاریخ تولد و سالگرد ازدواج را فراموش می‌کند نمی‌تواند عشق و علاقه زیادی به همسر خود داشته باشد. مردان در انجام کارها و اهداف خویش در پی اولویت‌ها هستند اما در مورد زنان این روابط است که همیشه ارجحیت دارد. با چنین زاویه دیدی

از سوی زنان می‌توان پی برد که تا چه حد مردان احساسات زنان را جریحه‌دار می‌نمایند.

مردان از موضوع بحث فاصله می‌گیرند و زنان آن را طولانی می‌گردانند

یکی از مواردی که بسیار مورد اختلاف و بحث زن و مرد واقع می‌گردد حیطه مکالمه است. چراکه مردان دلایل متفاوتی برای گوش دادن و حرف زدن نسبت به زنان دارند. مردان به حرف زن‌ها گوش می‌دهند تا مشکلات آنها را حل نمایند و نصیحت کنند. در جایی که زنان فقط برای برقراری یک رابطه اقدام به صحبت‌کردن می‌نمایند مردان بیشتر وقتی سخن می‌گویند که قصد بازگو کردن یک موضوع خاص را دارند یا می‌خواهند کسی را در حل مشکلاتش یاری کنند. وقتی زنی لب به سخن می‌گوید دوست دارد سر از چیزی دربیاورد و زوایای ناشکفته ذهن خود را به عرصه ظهور برساند. با شناخت این تفاوت آشکار می‌گردد که چرا زنان فکر می‌کنند مردها قصد رنجاندن آنها را دارند.

زنان ابتدا اقدام به حرف زدن می‌کنند و بعد در طی این صحبت‌ها رشته اصلی سخن را به دست می‌آورند، در حالی که یک مرد بیشتر دوست دارد زن در مورد موضوع اصلی صحبت کند. در حین حرف زدن زن، مرد مدام از خود می‌پرسد آیا نیازی به این همه مقدمه‌چینی هست؟ چرا این همه از این شاخه به آن شاخه می‌پرد؟ مردان تحمل این خصوصیت زن‌ها را ندارند، چراکه آنها

خود تا موضوع مشخصی برای صحبت نداشته باشند اصلاً اقدامی به حرف زدن نمی‌کنند.

آنها زود مطلب خود را می‌گویند، جمع‌بندی می‌کنند و به نتیجه می‌رسند. در هنگام گفت‌وگو میان زن و مرد اگر مرد به یکباره سکوت کند، زن می‌پندارد که او فراموشکار و بی‌توجه گشته است، در حالی که این چنین نیست و طبیعت مرد این‌گونه است. او سکوت می‌کند تا به تفکرات و سخنانش نظم و انسجام دهد. پذیرش این مطلب از سوی زنان مشکل است. برای اینکه زنان تفکرات خود را بروز می‌دهند و به راحتی بیان می‌کنند.

بعضی اوقات مردان نیاز دارند مطالب خویش را انسجام دهند و بعد در مورد تفکرات خود صحبت کنند. بنابراین مردان واضح به بیان افکار خویش می‌پردازند و زنان متمرکز عمل می‌کنند.

اشکال این دو شیوه متفاوت این است که مردان به هنگام صحبت از موضوع بحث فاصله می‌گیرند و زنان با حرف بیشتر، موضوع را طولانی می‌کنند. وقتی که مردان از موضوع دور می‌شوند، مطالب و موضوعات مهم را فراموش می‌کنند. در این هنگام است که روز تولد همسرش، قرارهای ملاقات و برنامه‌های مهم کاری را از یاد می‌برد. وقتی زنی از موضوع خارج می‌شود و بیش از حد آن را طولانی می‌کند، نمی‌تواند تشخیص دهد که چه موضوعی مهم و حائز اهمیت است. او تمایل دارد تمام موضوعات را با اهمیتی یکسان فرض نماید و در چنین حالتی دچار سردرگمی می‌شود. او فکر می‌کند که خواسته دیگران بیش از خواسته خود اهمیت دارد. به نیازها و احتیاجات

فرزندان خویش بیش از شوهرش بها می‌دهد و شاید در مقابل کمبودهای همسر واکنش شدیدی نشان دهد و رنجش‌های خود را بر سر او خالی کند. هنگامی که از یک موضوع صحبت می‌کند در میانه راه از آن بحث خارج شده و به سراغ موضوعات دیگر می‌رود.

اگر در نظر بگیریم که ما انسان‌ها همیشه در حال تعادل نیستیم، می‌توان قبول کرد که چرا گاهی اوقات مردان هنگامی که در حال بررسی و تفکر روی موضوعی هستند، از بقیه مسائل فاصله می‌گیرند و نیز برای زنان هم امری عادی است که به هنگام بیان احساسات خود از موضوع خارج شوند. این شناخت کمک به سزایی در روابط زن و شوهر می‌نماید. چون وقتی که یک زن بداند فراموشی تاریخ تولد و سالگرد ازدواج از سوی همسر دلیل کم شدن علاقه او نیست، مردان نیز حاشیه رفتن همسر خود را ناشی از ندانم‌کاری نمی‌دانند.

اگر مردان نسبت به این امر آگاهی نداشته باشند امکان دارد نگران شوند مبادا همسرشان تا ابد چنین رفتاری از خود بروز دهد. هنگامی که زنی از موضوع خارج می‌شود به این علت است که می‌خواهد از نتیجه‌ای خبر حاصل کند، ولی اطمینان ندارد و نمی‌داند که طرف مقابلش واقعاً به سخنان او گوش می‌دهد یا خیر. تعجب‌آور است که مهارت حرف زدن که می‌تواند نشانگر هوش و درایت زن باشد گاهی باعث سردرگمی او می‌گردد.

این امر در مورد زنان نیز اتفاق می‌افتد. هنگامی که مردان از موضوع اصلی فاصله می‌گیرند، زن دچار نگرانی می‌شود و این ترس بر او حاکم می‌گردد که

مبادا دیگر مورد علاقه همسر خود نیست. مرد نیز از جمع‌بندی و نتیجه‌گیری باز می‌ماند اما او مسائل را فراموش نکرده است، فقط کمی تأمل می‌کند تا اطلاعات بیشتری کسب نماید. او به شناخت و دریافت اطلاعات بیشتری نیاز دارد. چنانچه مردی احساس نماید که او تحت مراقبت دیگران است و به علت فراموش کردن موضوع او را خطاکار می‌دانند، امکان دارد درصدد حل مشکل و کمک به دیگران برنیاید و حالت تدافعی به خود بگیرد. برای رفع چنین مشکلی باید حس اعتماد تقویت شود و مورد ستایش و قدردانی قرار گیرد. وقتی مردی از موضوع فاصله می‌گیرد و خواسته‌های همسر خود را فراموش می‌کند و رشته کلام را از دست می‌دهد، همسرش با کار مشکلی روبه‌رو می‌گردد تا به او بقبولاند که هنوز هم او را دوست دارد. یک همسر آزرده‌خاطر باید با خود بگوید: «حتماً او به من علاقه دارد و فراموش کاری او نشانگر بی‌محبتی به من نیست. من می‌توانم به او اعتماد کنم و این را خاطرنشان سازم که او را دوست دارم و مورد اعتماد من است.»

همین‌طوراست در مورد مردان، هنگامی که زنی از موضوع خارج می‌شود او باید خیلی تلاش نماید تا در معرض قضاوت‌های بد قرار نگیرد. با صبر و تأمل به حرف‌های همسرش گوش دهد و بداند که در چنین اوضاعی او نیازمند محبت و علاقه و احترام بیشتری از سوی شوهرش می‌باشد.

چنانچه شوهر تمرکز خود را از دست بدهد می‌تواند از همسر خود بخواهد تا لحظه‌ای به او فرصت داده تا دوباره او بتواند به حرف‌های همسرش گوش فرا دهد. در بیشتر موارد احتیاجی به این درخواست و مکث کردن نیست چراکه

وقتی زن احساسات خود را بیان کند خود سکوت خواهد کرد. اگر شوهر ساکت شده و به حرف‌های او فقط گوش دهد، چاره‌ساز خواهد بود.
گفتن این جملات که: «همسرم می‌تواند احساسات خود را کنترل نماید و با عنوان کردن احساساتش راحت‌تر و بهتر خواهد شد، پس به حرف‌هایش گوش دهم و سکوت نمایم.» می‌تواند در روابط بسیار مؤثر باشد.
زمانی که شوهر عواطف و احساسات همسر خویش را درک نماید، زن نیز بیشتر تمرکز به دست‌آورده و رشته کلام و افکار خود را باز می‌یابد.

افشاگری

یک شعار مردانه می‌گوید: «هرگز لب به سخن باز نکن مگر اینکه گفتنی داشته باشی.» این حرف زنان را دچار وحشت می‌گرداند چراکه از نظر آنها حرف زدن وسیله‌ای برای رساندن یک نظریه نیست، بلکه وسیله‌ای است برای کشف یک موضوع.
زنان عموماً وقتی گرد هم جمع می‌شوند، دقیقاً نمی‌دانند که چه می‌خواهند بگویند. هنگامی که شروع به صحبت می‌کنند نمی‌دانند از کجا باید آغاز نمایند. آنان تمایل دارند قبل از رسیدن به موضوع بحث از تفکرات و احساسات خویش سخن برانند.
مردان برای پرورش فکر و گفته خود نیاز به آمادگی دارند اما آنها به‌گونه دیگری عمل می‌کنند. ابتدا مطالب خود را می‌سنجند و جمع‌بندی می‌کنند و بعد آن را به زبان می‌آورند. یک زن فقط می‌خواهد حرف بزند و رابطه‌ای برقرار

نماید. او صحبت کردن را مراوده اطلاعات نمی‌داند. از نظر زن حرف زدن یعنی، مطرح کردن احساسات و شروع یک رابطه و صمیمیت برای رسیدن به خواسته‌ها.

زن حرف زدن را نوعی آشکارسازی تدریجی می‌داند که توسط آن خود را به عرصه ظهور می‌رساند. شاید او اصلاً نداند که چه موضوعی را می‌خواهد بیان کند اما:

۱- او قصد دارد رابطه‌ای را پی‌ریزی کند و از این رابطه احساس لذت می‌کند.

۲- صحبت کردن برای او به منزله تنها وسیله ارتباط است.

وقتی زنی می‌رنجد احساسات خود را بیان می‌کند و به این نحو خود را تخلیه می‌کند. درست مثل اینکه تمام آنچه را که در کیف دارد بیرون می‌ریزد. او می‌خواهد بررسی کند که چه چیزی در کیف دارد و به چه مقدار. قصد پاکسازی کیف خود را دارد. با این بیرون ریختن و تخلیه، احساس آرامش درونی به او دست می‌دهد.

وقتی که زن تمام احساسات خود را بیان می‌کند طرف مقابل او باید با احترام و مهربان تنها به شنیدن احساساتش گوش فرادهد. وقتی که او تخلیه شود بیشتر متمرکز شده و آرام‌تر می‌گردد و پذیرای هر کمکی از جانب شما می‌گردد.

خواندن افکار یکدیگر

یک گفت‌وگو که بین زن و مرد صورت می‌گیرد و راه به جایی نمی‌برد، در اثر پنداشت‌های نادرست از یکدیگر است. یکی از معمولی‌ترین این پنداشت‌ها همان «خواندن فکر» یکدیگر است اما غافل از اینکه زن و مرد با یکدیگر بسیار تفاوت دارند و گمان می‌کنند که می‌توانند فکر یکدیگر را بخوانند. زنان می‌توانند فکر یکدیگری را خیلی دقیق بخوانند چراکه آنها بسیار به یکدیگر شباهت دارند، مردان نیز به همین نحو می‌توانند فکر یک مرد دیگر را بخوانند.

اما اگر مردی اقدام به خواندن فکر یک زن بنماید، بی‌شک با اشکال روبه‌رو خواهد شد. مرد ادعا می‌کند که می‌تواند فکر زن خود را بخواند و آن را بیان می‌کند اما اشتباه در اینجاست که او به همسر خویش به چشم یک مرد نگاه می‌کند و همان قضاوت را دارد. شاید یک مرد هنگامی که در حال گوش دادن به حرف‌های همسرش است ناگهان میان حرف‌های او بگوید: «بله فهمیدم.» این کاری است که اغلب مردان در جمع خویش انجام می‌دهند غافل از اینکه همسر آنها قصد بیان کردن موضوع دیگری را دارد. حتی شاید خود زن نیز نداند که می‌خواهد در مورد چه با همسرش به صحبت بنشیند. یک زن بیشتر در حین صحبت کردن به هدف خود می‌اندیشد و می‌رسد.

مردان باید بدانند که زنان نیاز به صحبت کردن دارند و چنانچه مردی قصد کمک کردن به همسرش را داشته باشد باید ابتدا یک شنونده خوب بشود،

شاید زن در مسیر سخن گفتن خویش نظرش عوض شده یا خود به پاسخ سؤالاتی که مطرح کرده است برسد.

گوش دادن مرد به سخنان زن حس آزرده‌خاطر شدن او را برطرف می‌سازد. همان‌طور که مردان قبل از سخن گفتن خود به سنجیدن افکار خویش می‌پردازند، زن‌ها هم نیاز دارند که در مورد مشکلات خود صحبت کنند. وقتی زنی احساس دلتنگی و نومیدی دارد با حرف زدن احساس آرام‌تری را تجربه خواهد کرد.

در ضمن با حرف زدن، گاهی زن به این نتیجه می‌رسد که در اصل هیچ مشکلی هم وجود نداشته است. زن دوست دارد که مرد این اطمینان را به او بدهد که هیچ مشکلی وجود ندارد و در ضمن راه‌حل‌هایی نیز برای مسائل او ارائه نماید. اگر مرد با نهایت دقت به حرف او گوش دهد و عنوان کند که متوجه حرف‌های تو شده‌ام او را بی‌نهایت خوشحال خواهد کرد. این جمله که بین حرف‌های زن گفته شود: «خوب، خوب فهمیدم مطلب چیست.» وضع را به وخامت خواهد کشید و زن برداشت خوبی نسبت به این حرف نخواهد داشت. زنان هم در مورد مردان به خواندن فکر آنها مبادرت می‌ورزند، ولی این خواندن‌ها نتیجه‌ای غلط به بار می‌آورد. مثلاً هنگامی که همسر ساکت می‌شود یعنی بی‌اعتنا و بی‌محبت شده است؛ هنگامی که دیر به منزل می‌آید یعنی دیگر برای همسرش ارزشی قائل نیست؛ وقتی که به کنج خلوتی می‌رود یعنی، او را دوست ندارد؛ وقتی فراموش می‌کند کاری را انجام دهد یعنی، بی‌تفاوت

شده است و زمانی هم که به داخل اتاق می‌رود به منزله این است که دوست ندارد نزد او بماند.

تمام این نتیجه‌گیری‌های غلط برای این است که او یک زن بوده است و هیچ راهی وجود ندارد که او به این درک برسد که شوهر برای نتایج دیگری دست به چنین کارهایی می‌زند. زن همیشه دغدغه این را دارد که به عشق مرد اعتماد کند یا نه. با این وجود زن می‌تواند در پی دلایل حقیقی و مثبتی برای این کارهای مرد باشد. او می‌تواند بدون اینکه هیچ سرزنشی را بشنوند از این ترس حاکم بر وجود خویش صحبت کرده و اطمینان حاصل نماید.

اگر بخواهیم در روابط خویش به چنین مشکلاتی برخورد ننماییم باید این تفاوت‌ها را مد نظر قرار دهیم. همان‌گونه که زنان تمایل ندارند هنگام صحبت، کسی میان حرف آنها بدود و این امر آنها را آشفته می‌سازد، مردان هم دوست ندارند وقتی صحبت می‌کنند کسی با دیده تردید به آنها بنگرد و در نگاهش حس عدم اعتماد موج زند. وقتی در هنگام صحبت زن، همسرش حرف او را قطع می‌کند زن سکوت می‌کند و میلی به ادامه صحبت ندارد. در این هنگام شک و سوءظن در روابط آنها رخنه خواهد کرد.

وقتی زنی به همسرش سوءظن پیدا می‌کند مردان بسیار ناراحت می‌شوند. حتی اگر جرمی مرتکب شده باشند انتظار دارند که همسرشان از آنها دفاع نموده و باز هم مورد لطف و محبت او قرار گیرند. اگر چنین حالتی روی ندهد آنها سرد و بی‌محبت می‌گردند. اگر زن و مرد به این نوع تفاوت‌ها بی‌توجه باشند و این الگوهای منفی را بیشتر نماید، شوهر نسبت به او بی‌توجه،

بی‌محبت و بی‌اعتماد می‌گردد. به همان مقدار که زن نسبت به شوهر خود اعتمادش را از دست دهد، مرد نیز محبتش کم می‌گردد.

من در پکیج زنان باهوش به هرآنچه که آلارم برای یک ارتباط مشترک و زنگ خطر محسوب می‌شود اشاره کردم و برای‌تان توضیحات لازم را ارائه دادم که با چه راهکارهای عملی با این زنگ خطرها روبرو شوید و زندگی مشترک ایمن را تجربه کنید.

با غافل شدن از این تفاوت‌ها، مشکلاتی در رابطه به وجود می‌آید اما با افزایش و بالا بردن درک از یکدیگر و در نظر گرفتن احترام و اعتماد برای طرف مقابل می‌توان این مشکلات را هرچه کمتر کرد. یکی از انتظارات زنان در زمینه فکرخوانی این است که دیگران نیاز آنان را بدانند و نسبت به برطرف کردن آن خواسته‌ها اقدام نمایند. این توقع از مردان زیاد به جا نیست و در صورتی که چنین امری از سوی شوهر میسر نگردد موجبات نارضایتی و نومیدی در زن پدید می‌آید. یک مرد نیز انتظار دارد همسرش احساسات و عواطف عمیق او را درک نموده و به آن ارج نهد.

زنان همیشه دوست دارند که توسط همسرانشان تقدیر و تحسین شوند و دوست داشتن‌شان را به زبان آورند. مردان نیز می‌خواهند که همسر آنها خواسته‌ها و نیازهای خود را به آنها گوشزد نماید.

راهکار زنان برای رویارویی با مردان ریزبین

گفتیم که زنان به صورت طبیعی می‌توانند از خواسته‌ها و احتیاجات دیگران خبردار شوند، این دید باز در برابر یک شوهر باریک‌بین می‌تواند هم مفید واقع شود و هم مضراتی را در پی داشته باشد. این مسئله زمانی اتفاق می‌افتد که مرد احساس می‌کند همه چیز رو به راه و بر وفق مراد است اما همسر او با داشتن دید باز خود یک تنه بار تمام مشکلات را به دوش می‌کشد.

اگر زنی درباره سنگینی مشکلات موجود با همسر خود به صحبت بنشیند او می‌پندارد که او از این چنین حالتی احساس رضایت دارد و همه چیز را بر وفق مراد می‌داند. در حالی که او درگیر مسائل و مشکلات موجود است، شوهرش طلبکار است یا به این امر بی‌اعتنا شده و هیچ کاری برای تغییر وضعیت انجام نمی‌دهد.

وجود دید باز برای زنان باعث می‌گردد که در روابط زناشویی مرد مسئولیت سنگینی را به همسر خود محول کند. همسر او نیز در بند قدردانی شدن و مورد محبت قرار گرفتن نیست. شوهر شایستگی‌ها و زحمات و فداکاری‌های همسرش را نادیده می‌گیرد.

اگر زن این خصوصیت باریک‌بینی شوهر را خوب بشناسد، می‌تواند به نتایج صحیحی برسد و دریابد که شوهر تنها به خاطر عدم آگاهی از مشکلات موجود احساس رضایت می‌نماید اما چنانچه او اطلاع کافی از وضع موجود و وجود مشکلات می‌داشت حتماً احساس نگرانی می‌کرد و خود برای کمک و یاری پیشقدم می‌شد.

چنانچه دو تن خواهان برقراری یک رابطه نیکو باشند باید از خود فداکاری نشان دهند اما این فداکاری‌ها به دو صورت متفاوت بروز می‌کند. طبیعی است که زنان به خواست‌های همسر خود و مشکلات موجود در رابطه بیشتر بها می‌دهند.

یک زن باید همیشه این را در یاد داشته باشد که مرد به علت مشغله کاری خود، نسبت به احتیاجات همسر خویش و مشکلات زناشویی بی‌اهمیت می‌گردد. زن نباید بیندیشد که اگر خواسته‌های خود را بیان نکند همسرش خود به خود درصدد رفع نیازهای او برخواهد آمد. مرد نباید از خواست‌های همسر خود بی‌اطلاع بماند.

دانستن و آگاهی به این خصوصیت زنان، روابط زناشویی را تحکم می‌بخشد. زنان باید به این ضعف مردان آگاهی داشته باشند و مهارت نیکو سخن گفتن با شوهر خود را گسترش دهند. باید خواسته‌های خود را به صورتی معقول و به جا برای همسر عنوان کنند و از او دائم طلب یاری و کمک نمایند.

شاید در بدو امر این کار مشکل به نظر برسد. چراکه زنان تمایلی ندارند که مدام درخواست کنند، آنها دوست دارند که شوهرشان خود خواسته آنها را پیش‌بینی کرده و در برآورده ساختن آن پا پیش نهد. زنان اغلب دچار این توهم هستند که اگر شوهرم مرا دوست داشت می‌دانست که من چه نیازهایی دارم. این چنین تفکرات منفی روابط را به زوال می‌کشاند.

چه بسا که در ابتدای یک گفت‌وگوی دوستانه مرد طوری برخورد نماید که اهمیت چندانی برای خواسته‌های همسرش قائل نیست اما این نوع مقاومت و

واکنش به علت کمبود علاقه نیست بلکه تنها به این دلیل است که آمادگی لازم را برای درک کامل احتیاجات همسر خویش ندارد. تمرکز او بر یک مسئله باعث شده که او نسبت به احتیاجات عاطفی همسرش غافل بماند. اگر زنی در چنین موقعیتی قرار گیرد، از بیان خواسته‌های خویش خودداری می‌کند و آنها را در قالب نیازهای خانواده مطرح می‌کند. شناخت نحوه دید مرد به زن کمک می‌کند تا وجود شوهر خویش را گرانمایه دانسته و با نرمی و کرنش بیشتری از او درخواست نماید.

این چنین احساس مسئولیت کردن از جانب مردان نباید دلیل بدی آنها گردد. طبیعت زنان به گونه‌ای است که در مورد احساسات دیگران از خود زیاد مایه می‌گذارند و هنگامی که می‌بینند که همسرشان احتیاجات آنان را نادیده می‌گیرد، درصدد برمی‌آیند که خود نیازهای همسر را به حد اعلا برآورده نمایند. البته من قصد ندارم عنوان کنم که برآوردن نیازها و احتیاجات یک رابطه تنها برعهده زن است. زن باید مسئولیت خویش را پذیرا گردد و به عنوان کردن نیازهایش همت گمارد. به طوری که موجبات ناراحتی همسرش فراهم نشود.

به عنوان مثال: یک شوهر دوست دارد که همسرش به او بگوید از سخن گفتن با او بسیار لذت می‌برد و مصاحبت با او برایش اهمیت دارد، البته گفتن این جملات برای یک زن هم سخت است. چراکه زن عقیده دارد اگر شوهر همان‌گونه که من او را دوست دارم مرا دوست داشته باشد و نیازهای من برایش اهمیت داشته باشد، دیگر نیازی به بیان آنها وجود نخواهد داشت.

اگر در یک رابطه دو زن وجود داشته باشند عملاً نیازی به این نیست که دیگری درخواست کند تا طرف مقابلش در این رابطه از خود فداکاری نشان دهد. هنگامی که زن درخواست کردن از شوهر را بیاموزد، شوهر نیز خواسته‌های او را مد نظر قرار می‌دهد و درصدد برآوردن آنها برخواهد آمد. مرد می‌تواند ابراز کند که تا چه حد از عشق و علاقه همسرش نسبت به خود آگاهی دارد و از این امر مشعوف است و این عشق را متقابلاً ابراز می‌کند. شاید بیشتر زنان در روابط خویش دچار این اشتباه بزرگ شوند و خواست‌های خود را بیان نکنند و تمام امور را خود به عهده بگیرند. شاید این امر در ابتدا مشکلی را به وجود نیاورد اما در درازمدت باعث می‌شود که بسیاری از مطالب و گفت‌وگوهای مهم در نطفه خفه شده و در آخر زن به این پنداشت برسد که شوهرش نسبت به تمام مسائل بی‌توجه است و او را همراهی نمی‌کند.

اگر زن حرف بزند و خواست‌ها را بیان نماید شوهر نیز از مشکلات آگاهی یافته و باریک‌بینی او مانع دیدن مسائل و مشکلات نمی‌گردد. باریک‌بینی مرد مانند حصاری است که جلوی دخالت او را در مسائل می‌گیرد اما وقتی که با صحبت کردن او هم از مسائل موجود اطلاع یابد می‌تواند این حصار را در هم شکسته و به تأمین نیازهای اطرافیان برخیزد. اگر دید باریک و تمرکز او بر یک موضوع باعث نگردد که او را مورد بی‌مهری و بی‌علاقگی قرار دهند و با او به نیکویی برخورد گردد، او به محبت کردن و مهربانی همت خواهد گمارد. چنین گفت‌وگوهای صمیمانه‌ای او را از این حصار خارج می‌سازد.

یک زن و مرد می‌توانند برای بهبود و تحکیم روابط زناشویی خویش تفاوت‌ها را درک کرده و به آنها احترام بگذارند و آرام آرام تغییراتی در خویشتن به وجود آورند تا به شخصیت اصلی و کمال خویش که همانا انسان با عشق و محبت است دست یابند.

مسئولیت زن در حفظ روابط

همان‌طور که گفتیم، یک زن نسبت به ضروریات یک رابطه آگاهی و علم کافی دارد اما این امر باعث نمی‌شود که خود به تنهایی تمام مشکلات را حل کرده و بار این رابطه را به دوش بکشد. او برای تأمین و رفع نیازهای یک ارتباط می‌تواند به دو صورت عمل نماید: او تمامی خواسته‌ها و نیازهای خویش را بدون اینکه موجب رنجش همسر گردد، عنوان کند یا اینکه نیازهای خود را از منابع دیگری تأمین نماید. زن باید بداند که شوهر تنها منشأ عدم رضایت او نیست و نباید برای برآورده شدن خواسته‌ها تنها روی او حساب کرد.

در نظر بگیرید که یک زن برای اینکه رابطه زناشویی سست خود را مستحکم نماید، خود را کاملاً تابع شوهر می‌کند و به تمامی علایق و سلایق او احترام می‌گذارد و در مقابل نیز همین انتظار را از شوهر خویش دارد.

او از هر لحاظ به فکر تأمین نیازهای شوهر خود است و در این رهگذر خود را فراموش می‌کند. او با ندیده گرفتن خویش، امکان حمایت شوهر را از خود سلب می‌کند. مردان عادت دارند در جایی حضور یابند که به آنها نیاز هست و می‌توانند کمک کرده و مفید واقع شوند. مردی که از برآورده کردن نیازهای

همسرش باز می‌ماند، نشانه این است که از آنها اطلاع درست و دقیق ندارد. این عدم موفقیت او باعث آزردگی و افسردگی همسرش خواهد شد.
زنان براساس طبیعت خویش از بیان نیازها خودداری می‌کنند و بعد از مدتی این عمل به صورت آزردگی در آنها تجلی می‌یابد. در این مرحله دیگر در پی این نیستند که چطور خواست‌های قلبی خویش را بر زبان آورند. آنها به راه‌هایی مانند عیب‌جویی، غر زدن و شکایت کردن روی می‌آورند. شاید این چنین رفتارهایی باعث می‌گردد که مرد قدرت گوش دادن خود را افزایش دهد و روابط بهبود یابد.
مرد نمی‌تواند در قبال آزردگی همسر خویش یا اتهام نسبت به کاری که انجام نداده، از خود عکس‌العمل خوبی داشته باشد. وقتی که به او گفته می‌شود که آدم بدی است، دیگر نمی‌تواند نقش خوبی ایفا نماید. یک زن در چنین مواقعی برای بهتر کردن وضعیت باید از احساسات و خواسته‌های خویش طوری حرف بزند که چاشنی عشق و احترام و محبت را به آن اضافه کرده باشد. در ضمن نباید انتظار داشت که تمام نیازها توسط شوهر پاسخ داده شود. زن می‌تواند روابط خود را در بین دوستان و خانواده گسترده نماید و از اتکا به یک نفر تا حدی رهایی یابد.
وقتی زنی از سوی خانواده و دوستان خویش محبت دریافت می‌دارد، دیگر تمام حواس و تأمین نیازهای خویش را روی شوهرش متمرکز نمی‌سازد و می‌تواند محدودیت‌ها و کم‌کاری‌های شوهر را بیش از پیش تحمل کند.

عموماً مردان وقتی رابطه‌ای را ایجاد می‌نمایند تصور نمی‌کنند که در متن آن بتواند مشکلی وجود داشته باشد. زنان هم توقع دارند که بدون ابراز نیازها به خواسته‌های آنان پاسخ مثبت داده شود. وقتی که این افکار و انتظارات اشتباه تصحیح گردد، رابطه‌ها رنگ قشنگ‌تری به خود می‌گیرند. شوهر به راحتی مشکلات زن را گوش می‌دهد و زن نیز می‌تواند صحیح نیازهای خویش را ابراز نماید و مورد حمایت همسر قرار گیرد.

وقتی که گفت‌وگوی سالمی در روابط حاکم گردد می‌توانند به یک اندازه در شادی‌ها و مسئولیت‌ها سهیم گردند.

تصمیم‌گیری

همان‌طور که گفتیم، مردان توانایی این را دارند که دیدی متمرکز و دقیق داشته باشند و زنان دارای دیدی وسیع و باز هستند. این تفاوت در چگونگی و کیفیت تصمیم‌گیری‌های آنان تأثیر به سزایی دارد.

زنان که دیدی وسیع و باز دارند قادر نیستند یک راه‌حل ارائه دهند و روی آن تمرکز کرده و تصمیم نهایی بگیرند. آنها معمولاً چندین راه‌حل برای یک مشکل پیشنهاد می‌کنند. مثلاً: اگر زنی درصدد خرید یک هدیه برای روز تولد همسرش باشد به اندازه‌ای انتخاب‌های مختلف دارد که قادر به تصمیم‌گیری نیست. تنوع انتخابات او را در تصمیم‌گیری با مشکل روبه‌رو می‌گرداند.

شاید این رفتار و انتخابات بی‌شمار برای مرد قدری عجیب به نظر آید. چراکه هنگامی که مرد قصد خرید چیزی را دارد، روی آن هدیه تمرکز کرده و فوری آن را تهیه می‌نماید. شاید اگر او وقت بیشتری را برای فکر و خرید اختصاص می‌داد، می‌توانست هدیه بهتری خریداری کند.

از آنجا که زنان دوست دارند رابطه‌ای برقرار نمایند، بنابراین دیگران را در تصمیم‌گیری‌های خویش دخیل می‌نمایند. آنان قبل از اینکه اقدام به کاری کنند، ممکن است با افرادی که تصمیم آنها را قبول دارند نیز مشورت نموده و بعد از میان این صحبت‌ها به تصمیم مشترکی دست یابند. مردان ابتدا خود در ذهن تصمیم‌گیری می‌کنند و بعد شاید در صحبت با دیگران تغییر عقیده نیز بدهند. بدین معنی که یک مرد ابتدا در غار تنهایی خویش دست به تصمیم و انتخاب می‌زند و بعد اطلاعات دیگران را می‌طلبد. اگر این تصمیم‌گیری مورد قبول واقع نگردد، راهکار دیگری را امتحان می‌کند.

اگر زن و مرد از این تفاوت بارز در مرحله تصمیم‌گیری اطلاع نداشته باشند بسیار احتمال آن هست که دچار درگیری، آشفتگی و ناراحتی گردند. چنانچه مردی بدون در میان گذاشتن مطلبی با همسرش اقدام به تصمیم‌گیری کند زن این کار او را بی‌احترامی و نادیده گرفتن او قلمداد خواهد کرد. در حقیقت شوهر نمی‌داند که همسرش توقع دارد او را در تصمیم‌گیری‌ها دخیل کند. او دچار این فکر اشتباه است که اگر همسرم نظری دارد باید آن را مطرح کند. زن هم خواهان این است که در مسائل نظر او نیز لحاظ شده و در تصمیم‌گیری نقش داشته باشد.

در چنین موقعیتی زن از تصمیم خود حرفی نمی‌زند و چیزی به زبان نمی‌آورد. او در این گمان است که شوهر به تنهایی تصمیم خود را گرفته و نظر او برایش اصلاً مهم نبوده است. او اطلاع ندارد که مرد در حالی که بهترین تصمیم را گرفته است، باز هم به نظرات دیگران گوش فراخواهد داد. این چنین حرکتی زن را دچار بهت و سردرگمی می‌کند. چراکه او اول تمام اطلاعات را دریافت می‌کند و بعد دست به تصمیم‌گیری می‌زند. تصمیمی که در مقایسه با تصمیم مردان بسیار بااهمیت است.

به عنوان مثال مرد می‌گوید: «گمان می‌کنم بد نباشد که امسال چند روزی را به مسافرت برویم.» همسر او جواب می‌دهد: «هنوز درباره مرخصی فکر نکرده‌ام. نمی‌دانم چه می‌شود.»

جمله: «من نمی‌دانم چه می‌شود». فکر خلاقانه‌ای است که زن می‌تواند توسط آن به منابع زیادی دست یابد و با احساس پاسخ مرد را بدهد.

این عبارت در ذهن مرد این را زنده می‌کند که همسرش قصد طفره رفتن دارد و دوست ندارد به مرخصی و مسافرت برود ولی این را صریح بیان نمی‌کند.

زن می‌توانست به عوض این جمله که باعث ناراحتی همسرش بشود، بگوید: «فکر خوبی است ولی احتیاج به کمی وقت دارم تا فکر کنم.»یا اینکه: «باید با بچه‌ها در این مورد صحبت کنم. ببینیم آیا آنها هم دوست دارند به مرخصی بروند یا نه؟» یا «چند سالی است که به چنین مسافرت‌هایی نرفته‌ایم کمی فرصت می‌خواهم تا خوب فکر کنم.»

این چنین پاسخ‌هایی باعث می‌شود که مرد صبر و تحمل بیش‌تری از خود نشان دهد و فرصت لازم را در اختیار همسرش قرار دهد و به تصمیم‌گیری‌های او احترام بگذارد و آن دو روابطی شاد را تجربه کنند.

تصمیم‌گیری در برقراری روابط زناشویی

تصمیم‌گیری در مورد ارتباطات زناشویی یکی از تصمیمات مهم در روابط است. عموماً مردان می‌دانند که چه زمانی نیاز و آمادگی یک رابطه را دارند. زن نیز شاید اظهار تمایل نماید ولی باید وقت بیش‌تری را برای فکر کردن در این مورد صرف نماید. مردان بدون توجه به این مسئله هرگاه که خود احساس نیاز کنند، تمایل دارند که رابطه‌ای صورت گیرد.

هنگامی که شوهری از همسر خود در مورد برقراری رابطه سؤال می‌کند، شاید همسر جواب دهد: «نمی‌دانم.» شوهر این جواب همسرش را منفی تلقی می‌کند و احساس می‌کند که همسرش او را قبول ندارد، در حالی که زن قصد فکر کردن روی این موضوع را دارد. احتمال دارد زن نیز نیاز شدیدی داشته و مشتاق باشد اما مدتی زمان خواهد برد تا احساسات درونی او آشکار شده و تصمیم بگیرد. برای مثال: وقتی، مرد به زن تقاضای یک رابطه زناشویی می‌دهد زن در حالی که درونش مملو از احساسات است با گفتن «نمی‌دانم» پاسخی منفی یا مثبت می‌دهد.

همین نمی‌دانم برای مرد در حکم یک جواب منفی است. او احساس یأس کرده و می‌گوید: «اصلاً فراموش کن.» شاید امروز روز خوبی نیست او در

اندیشه خود می‌پندارد که: «هیچ خوش ندارم که به من جواب منفی بدهد. شاید دوست ندارد با من رابطه داشته باشد و این را آشکارا اعلام نمی‌کند. این آخرین باری است که از او چنین تقاضایی می‌کنم. اگر دوست ندارد با من رابطه‌ای داشته باشد باید فکر دیگری بکنم.»

علم و آگاهی مرد نسبت به تفاوت زن و مرد می‌توانست این مسئله را خیلی راحت حل نموده و وضع رو به وخامت نرود.

اگر مرد این تفاوت را می‌دانست، می‌توانست سؤال کند: «تمایل داری؟» و همسرش در جواب می‌گفت: «این چه سؤالی است که می‌کنی. فقط شاید زمان مناسبی نباشد.»

در هر حال مردان باید بدانند که در برقراری یک رابطه، جواب نمی‌دانم از سوی همسر، نمی‌تواند به معنای جواب منفی باشد. مانند بسیاری موارد دیگر عبارت «نمیدانم» باید خوب تجزیه و تحلیل شود.

احساس لذت از روابط زناشویی

یک زن وقتی که سرگرم کارهای خانه است خسته و دلزده شده، نمی‌تواند از رابطه زناشویی احساس لذت نموده و ارضا شود. او در چنین حالاتی احتیاج به نوازش و آغوش گرم و صمیمی دارد. ابراز عشق و علاقه بدون برقراری رابطه زناشویی برای او احساس لذتی به وجود می‌آورد که لذت بخش است درست به همان اندازه که مردان از یک رابطه زناشویی لذت می‌برند.

دانستن این مطلب برای مردان بسیار مهم است. اگر آنها به این مهم بی‌اعتنا باشند از این ابراز علاقه این‌چنینی نسبت به همسر خویش غافل می‌مانند. این رفتار که تنها لمس حسی است و رابطه‌ای زناشویی در آن برقرار نمی‌شود برای زنان بسیار باارزش است که بیشتر مردان نسبت به آن غفلت می‌ورزند. درست به همان اندازه که رابطه زناشویی برای مردان با اهمیت است، زنان نیز از چنین حرکتی خرسند می‌گردند.

این مطلبی دلیل بر آن نیست که زنان رابطه زناشویی را دوست ندارند و از آن گریزانند. آنها نیز از این رابطه بهره می‌گیرند. تنها تفاوت در این است که زنان از نوازش و آغوش گرم آرامش می‌یابند، در حالی که وضع در مورد مردان بدین گونه نیست.

مردان هنگامی که تحت فشار عصبی و تنش و ناراحتی هستند از طریق رابطه زناشویی به آرامش می‌رسند. مردان در پی رفع نیاز جسمی خویش هستند و گاه آماده‌سازی اولیه همسر خویش را از یاد می‌برند. گاهی ممکن است زنان حتی بیشتر از ۱۸ دقیقه به آمادگی نیاز داشته باشند. شاید زنان بدون رسیدن به لذت و ارضا شدن به این رابطه بسنده کنند اما این با بهره‌مندی کامل مردان بسیار متفاوت است.

بعضی مردان قادر نیستند که درک کنند زنان گاهی بدون احساس لذت از این رابطه بهره‌مند می‌شوند، برای آنان کافی است که تحت نوازش قرار گیرند و در آغوش گرفته شوند. یک شوهر خوب باید این خواسته همسرش را درک نماید

و با برقراری یک ارتباط این‌چنینی لحظات خوشی را در کنار هم به سر برند. این امر برای زنان بسیار حائز اهمیت است.

وضع در مردان نیز گاه چنین است که تمایل دارند از غریزه خود رها شده و ارضا گردند. در این موقعیت بدون آماده‌سازی همسر، اقدام به برقراری رابطه می‌کنند و گه‌گاه این شیوه را تکرار می‌نمایند. اگر زن و مرد چنین درک متقابلی از یکدیگر داشته باشند، زن می‌داند که دیگر هیچ نیازی نیست که گه گاه در ارتباط نقش الهه عشق را ایفا نماید.

غریزه جنسی نیز مانند غرایز و نیازها با حالات ماه در طی گردش به دور زمین متغیر است. این چرخه تنوع نقش‌ها و اختلالات روزانه ما را به وجود می‌آورد. برای برقراری یک رابطه زناشویی سالم باید انعطاف‌پذیر بود و تفاوت‌های یکدیگر را کاملاً شناخت.

نکاتی در مورد آمادگی

از آنجا که زنان دارای دیدی وسیع و باز هستند، به سرعت تحت تأثیر محیط اطراف قرار می‌گیرند. به ویژه اگر موضوع در ارتباط با خواسته‌های آنان باشد. یک زن به هنگام استراحت و شادی در فکر این است که آیا تمام صورتحساب‌ها را پرداخت کرده است یا نه؟ آیا خانه او ایمن و مستحکم هست یا نه؟ با توجه به این امر به هنگام برقراری رابطه محیط اطراف نیز بسیار اهمیت دارد. روشن کردن یک شمع کوچک، بوی عطر و موسیقی ملایم می‌تواند کمک مؤثری در این راه باشد.

شاید لازم باشد برای آماده‌سازی یک زن تمام بدن او را با آرامش نوازش دهید تا او بتواند روی موضوع متمرکز شود. توجه داشته باشید در زنی که روزی سخت را پشت‌سر گذاشته است بی‌میلی بیشتر می‌گردد.

مرد حتی در خستگی بسیار نیز به راحتی می‌تواند به ارضای جنسی سریع دست یابد اما یک زن باید به همین اندازه نوازش شده و تماس جسمی برقرار شود تا بتواند متمرکز گردد.

درک و فهم حالات متفاوت یکدیگر این امکان را در اختیار ما می‌گذارد که برخی تفاوت‌های معمولی خویش را نیز بشناسیم. این شناخت از رابطه زناشویی تعیین‌کننده شیوه مشخصی برای این کار نیست. این یک رابطه بسیار شخصی است و نمی‌توان گفت چه شیوه‌ای صحیح است. این بحث کمک می‌کند تا نیازهای همسرتان را بشناسید و در رفع آنها همت گمارید.

زندگی و امید به آینده

انسان با هوشیاری و دید وسیع می‌تواند به امکانات و موقعیت‌های خوبی دست یابد. اینکه شخص بتواند دریابد که در چه جایگاهی باید قرار گیرد، مهارتی است که هر کسی از آن بهره نبرده و زمانی که به این مهارت خدشه‌ای وارد گردد مشکل‌ساز خواهد شد. یک زن صادق می‌تواند تمامی امکانات و خصوصیات شوهر خویش را در دست داشته باشد. چنانچه زنی تمرکز نداشته باشد همیشه در امید و آرزوی روزهای آینده خواهد بود. او در این اندیشه به

سر می‌برد که در روزهای آینده نیازهایش برطرف خواهد شد و بعد پس از این فکر خوشحال می‌گردد.

این رویداد نیکویی است که به فردا امید داشته باشیم و از اتفاقات خوبی که پیش‌رو داریم خرسند شویم اما مشکل آنجا روی می‌دهد که وضع امروز نامناسب و ناشاد باشد. زنی که امروز در ورطه مشکلات و مسائل ناخوش زندگی غرق شده است نمی‌تواند به راحتی ترسیمی از آینده‌ای شاد و خوشبخت داشته باشد. امکان دارد چنین زنی حتی با مردی که او را قبلاً دوست نداشته ازدواج کرده و رابطه برقرار کند، تنها به این امید که در طی زندگی و سال‌های آتی عشق در دل او جا کند و این مرد، مرد دلخواه او گردد. او در این اندیشه است که این مرد ایده‌آل اوست. با دیدن مهر و محبت و فداکاری‌های او چنین برداشت می‌کند که آن مرد عوض شده و اکنون شوهر دلخواه اوست. او در تخیلات خویش به سر می‌برد و مسائل زندگی را آن‌گونه که در ذهن خویش ترسیم می‌کند می‌بیند. در واقع از دیدن حقایق چشم فرو می‌بندد.

درست مثل اینکه شخصی به شما یک فقره چک با مبلغی چشمگیر بدهد. این چک اگرچه می‌تواند شما را هیجان‌زده و خوشحال کند متعلق به یک ماه دیگر است و حالا چیزی نصیب شما نمی‌شود. ازدواج با شخصی که مطابق ایده‌های شما نیست و تنها وعده و وعید می‌دهد، اگرچه شما را دلگرم و خرسند می‌کند ولی در حال حاضر هیچ نفع و نصیبی برای شما به ارمغان نخواهد آورد.

وقتی‌که آن چک را دریافت می‌کنید با اعتبار آن چک خود را پولدار فرض می‌کنید و پیش پیش به خرج کردن آن می‌پردازید. با کارت اعتباری خرید می‌کنید و قبل از وصول چک تمام مبلغ آن را هزینه می‌نمایید. زندگی کردن با امید به آینده نیز دقیقاً چنین است. مانند شمارش کردن جوجه‌ها قبل از درآمدن از تخم. عملکردی که در زندگی به مرور زمان باعث افسردگی شده و این ناامیدی زمانی به اوج خود می‌رسد که چک دریافتی نقد نگردد.

وقتی که یک زن با این احساس روبه‌رو می‌شود که تمام نیازهای او از سوی شوهر تأمین نمی‌گردد، دچار این بحران می‌شود که در این رابطه او یک قربانی بوده است. او شوهر خویش را در این امر مقصر می‌داند و پیام‌های مبهمی به سوی شوهر می‌فرستد. شاید این احساس قربانی شدن برای او و حفظ رابطه موجود لازم باشد. بعد از گذشت این بحران او دوباره مسئولیت رابطه را به گردن خواهد گرفت. این مسئله باعث می‌شود که زندگی کردن در آینده را بسیار غلط قلمداد کنیم.

همان‌گونه که زنان تمایل دارند در آینده سیر کنند، مردان تمایل دارند درگذشته زندگی نمایند. یک مرد انتظار دارد وقتی که خواست‌های همسرش را یک بار تأمین کرد او برای همیشه احساس خوشبختی نماید. آنان گمان می‌کنند وقتی همسرشان می‌گوید: «دوستت دارم.» دیگر تمام وظایف موجود در یک رابطه را به نحو احسن انجام داده‌اند. مردان تمایل دارند احساسات و عواطف زنان همیشه ثابت و موجود باشد.

یک مرد نیز می‌تواند در بخشی از افکار خویش زندگی کند. شاید باریک‌بینی آنها موجب شود که خود را نادیده بگیرند و خوشبخت نباشند، ولی در رفع مشکلات زناشویی بسیار از خود مایه می‌گذارند. درست مثل کبکی که سر خود را داخل برف می‌کند مردان نیز خود را با کار و تلاش مشغول می‌کنند تا بروز ندهند که در زندگی خویش مشکلاتی دارند. بعضی از آنها به حدی در کار خود را غرق می‌سازند که دیگر فراموش می‌کنند احتیاج به عشق و محبتی دارند که از آنها دریغ می‌شود. آنان بی‌توجه به این هستند که پول روی پول می‌گذارند و از نظر احساسی و عاطفی روزبه‌روز تهی‌تر می‌شوند.

یک مرد می‌تواند در آینده زندگی کند. هرچه مرد پولدارتر و موفق‌تر می‌شود گمان می‌کند که خوشبخت‌تر از گذشته شده است اما واقعیت تلخ قضیه این است که در این هنگام مشکلات و ناراحتی‌ها بیش از پیش خود را در زندگی آنها به اثبات می‌رسانند. بعد از رسیدن به ثروت آنها با مسائلی روبه‌رو می‌شوند که تا قبل از آن هرگز وجود نداشته است.

این دسته از مردان هم مانند زنان ناگاه به خود آمده و متوجه می‌گردند که اصلاً خوشبخت نیستند. وقتی این درد و رنج‌ها بیشتر می‌گردد آنها درصدد به وجود آوردن تغییراتی در زندگی خویش می‌گردند. مرد احساس می‌کند در روابط زناشویی احتیاج به عشق و محبت بیش‌تری دارد و افسوس اینکه در جای دیگری به دنبال این محببت می‌گردد. مرد باید بداند که از راه صحبت کردن و برقراری مکالمه‌ای درست می‌تواند تمام نیازها و خواست‌هایش را در همین زندگی به دست آورد و مرحمی برای زخم‌هایش جستجو کند.

گاهی اوقات بیان نکردن و چشم بستن روی حقایق زندگی تنها موردی است که یک زوج را به دام طلاق می‌اندازد. آنها نمی‌خواهند قبول کنند که مشکل در بطن رابطه آنها نهفته است.

من بسیاری از زوج‌ها را دیده‌ام که در آستانه طلاق، تنها با یادگیری فن بیان و برقراری رابطه توانسته‌اند به زندگی مجدد موفقی دست یابند.

من در پکیج جامع زنان باهوش بخش هنرزن بودن به‌طور مفصل در مورد تفاوت‌های زن و مرد صحبت کردم و اینکه چگونه باید با زبان شیرین ارتباط صحیح بدون باج دادن برقرار کرد و راه و راهکارهای اساسی بر ساختن مجدد یک زندگی و یسک ارتباط عاشقانه را حتی با وجود آسیب برای‌تان شرح دادم. چنانچه یک زن و شوهر احساس می‌کنند تمامی راه‌های ممکن را برای ادامه زندگی رفته‌اند و هیچ یک اثری نداشته است باید به آنها کمک کرد تا به این درک برسند که راه‌های امتحان شده توسط آنها اشتباه بوده است و هنوز راه‌های دیگری نیز وجود دارد.

زنان خود را مقصر می‌دانند، مردان دیگران را

از جمله اختلافاتی که بین زن و مرد وجود دارد این است که به هنگام بروز مشکل زنان اولین نفر خود را مقصر می‌دانند و سرزنش می‌کنند، ولی مردان دیگران را مقصر جلوه می‌دهند. زنان مسئولیت مشکل به وجود آمده را تا حد زیادی به گردن می‌گیرند. این «سرزنش درونی» نشانگر دید باز است.

مردان بسیار تمایل دارند که قبل از پرداختن به مسئولیت خویش، دیگران را در به وجود آمدن مسئله‌ای سهیم بدانند. آنان به سرعت کم‌کاری و تقصیر دیگران را در می‌یابند و بعد به میزان تقصیر خود می‌پردازند. چنین حالتی ناشی از دید متمرکز آنان است. دید متمرکز مشکلات موجود را به نحو دقیقی بررسی می‌کند و هر کارشکنی و اخلالی را یک تقصیر می‌شناسد.

دید وسیع و باز زنان باعث می‌شود که مسائل را در بعد گسترده‌ای ببینند و در رفع آن مشکلات گام بردارند و راه‌های موجود را بررسی کرده تا به نتیجه مطلوب برسند. از همین‌رو است که یک زن به راحتی تقصیر را به عهده می‌گیرد. این تفاوت باعث بروز مشکلاتی در رابطه زناشویی می‌گردد.

هنگامی که مردی در مواجهه با یک مشکل شروع به سرزنش کردن می‌نماید زن گمان می‌کند که او مسئولیت را به عهده خویش گرفته است. مرد با این باور روبه‌رو می‌شود که من اشتباه کرده‌ام؟! این امر برای او سنگین تمام می‌شود. اگر زن در چنین حالتی جنبه تدافعی به خود نگیرد و اجازه دهد مرد کمی آرام‌تر شود و تمرکز نماید، بار دیگر با دید بهتری به قضیه نگاه خواهد کرد.

مردی که اعتماد به نفس ندارد نمی‌تواند مسئولیت خویش را بپذیرد و این امر سبب ناامنی او می‌گردد. او هیچ کوتاهی را متوجه خویش نمی‌داند و این حالت از سوی زنان ناشناخته است. گاهی مردان حالت تهاجمی به خویش می‌گیرند تا در زیر سایه این حالت، ناامنی خود را پنهان نمایند.

هرچه که میزان ناامنی که مرد احساس می‌کند بیشتر باشد حالت تهاجمی و پرخاشگری او نیز بیشتر خواهد بود و این امری است که زنان از آن غافل هستند. چون هنگامی که یک زن احساس ناامنی می‌کند تمام تقصیرات را به خود نسبت می‌دهد.

زنان به راحتی از گناه و تقصیر مردان می‌گذرند، چراکه عقیده دارند شاید روزی خود نیز دچار اشتباه و خطا شوند. گاهی مردان شکایت‌های همسر خود را جدی نمی‌گیرند، چون گمان می‌کنند که زنان هم مانند خود آنها هستند و تمام اشتباه و تقصیر را به گردن دیگری می‌اندازند و خود را در مشکل به وجود آمده اصلاً دخیل نمی‌دانند. در صورتی که حقیقت امر اصلاً چنین نیست.

با مطالعه این بحث به این نتیجه خواهیم رسید که زن و مرد در زندگی به دو شیوه متفاوت فکر کرده و عمل می‌کنند. هیچ‌کس دارای خصایص مردانه یا زنانه به صورت مطلق نیست. یک فرد می‌تواند دارای هر دوی این صفات باشد: دیدی متمرکز و باز.

واکنش‌های متفاوت زن و مرد در رویارویی با تنش‌ها

یکی دیگر از تفاوت‌های مهم بین زن و مرد نحوه برخورد آنان در مقابل تنش و فشارهاست. مردان در مواجهه با فشار کار، هدفمند و تحلیلگرانه عمل می‌کنند و زنان عملکردی ذهنی و احساسی دارند. آنچه که توجه مرد را به خود

معطوف می‌دارد جهان بیرون است و او سعی دارد با تغییر دادن این دنیا و موقعیت خود فشار موجود را کمتر نماید.

وقتی مرد تحت فشار روحی قرار می‌گیرد بیشتر می‌اندیشد تا بفهمد چطور می‌تواند تنش موجود را کاهش دهد.

یک زن در دنیای ذهنی خویش غرق می‌گردد و سعی دارد با تغییر خود این تنش را کاهش دهد. یک تنش به وجود آمده سیلی از احساسات و واکنش را برای زن به وجود می‌آورد و او رفتار خویش را مورد بازبینی قرار می‌دهد تا متوجه گردد با تغییر کدام قسمت می‌تواند فشار وارد آمده را کمتر کرده و وضعیت را به حال عادی بازگرداند. به عنوان مثال: اگر زن از موضوعی رنجیده باشد از خود انعطاف و گذشت بیش‌تری نشان می‌دهد تا بتواند از بار فشار بکاهد و احساس بهتری را تجربه نماید.

تفاوت‌های مهم در مواجهه با تنش

یک مرد هنگامی که تحت فشار قرار می‌گیرد سعی می‌کند تا محیط اطراف را در کنترل خود درآورد و بدین ترتیب از فشار وضعیت موجود بکاهد. او تمام جوانب را می‌سنجد و بررسی‌های لازم را در مورد وضعیت به وجود آمده انجام می‌دهد تا بتواند اقداماتی برای بهبود و رفع مشکل به عمل آورد.

او قبل از آنکه بتواند به مسئولیت خویش آگاه شود، باید درک درستی از وضعیت داشته باشد. با هوشیاری و درایت کامل به بررسی محیط اطراف می‌پردازد. هنگامی که فهمید چه عامل یا عواملی باعث بروز این موقعیت

شده‌اند اقدام به برطرف کردن موضوع و پردازش راهکاری مناسب می‌کند و میزان تقصیر خود را مشخص کرده، گردن می‌گیرد.

یک زن هنگامی که تحت فشار قرار می‌گیرد به بروز احساسات خویش می‌پردازد تا از این طریق حواس خود را تحت کنترل درآورده و متوجه گردد چه مشکلی پیش آمده و چه کاری برای بهتر شدن موقعیت از دست او بر می‌آید. او با درک احساسات خویش، موضوعات را بهتر شناسایی کرده و با فکر باز و روشن‌تری به مقابله با مشکل می‌رود.

احساسات ویرانگر

برای آنکه بتوان یک واکنش صحیح از خود بروز داد لازم است ابتدا کمی از موضوع دور شد. آن را بررسی و تحلیل کرد و عوامل به وجود آورنده آن را شناخت. در یک فرآیند ذهنی باید به این مسئله رسید که یک فرد چطور می‌تواند با این مسئله کنار بیاید و راهکار او برای حل این مشکل چه خواهد بود؟

وقتی در رویارویی با یک مشکل مرد از بخش زنانه خویش بهره می‌گیرد، می‌تواند نظرات مثبتی را که در ارتباط با خود دارد نادیده انگارد. بروز احساسات منفی باعث می‌شود کنترل اعصاب خود را از دست داده، تندخو و دمدمی‌مزاج شود. البته این احساسات منفی نشانه بدی نیستند.

این احساسات باعث تسکین و آرامش تنش نیز می‌شوند. زمانی که یک مرد این احساسات را زیاد جدی بگیرد و نحوه برخورد معقول خود را فراموش نماید دیگر این احساسات ارزش خود را از دست داده، تهدیدآمیز و نامناسب خواهند شد. در چنین موقعیتی مرد عصبی شده و کنترل خود را از دست می‌دهد. احتمال دارد اقدام به شکستن وسایل منزل کرده و حرف‌های بی‌ربط و ناسزا بگوید. در چنین موقعیتی بخش ذهنی او فعال شده است.

این امر بدین معنی نیست که مردان نباید تحت تأثیر احساسات قرار گیرند. بلکه قبل از تأثیر گذاشتن احساسات روی آنها باید راهی معقول و منطقی را برای رویارویی با مشکل انتخاب نمایند. احساسات باعث می‌شود که به موضوع بی‌علاقه شده و عملکرد درستی انجام ندهند.

وقتی مردی تحت تأثیر نادرست احساسات خویش قرار گیرد رفتارهایی مانند: کج خلقی، بی‌تفاوتی، سنگدلی و مسامحه‌کاری نیز در او زنده می‌شود. مهم‌ترین این عوارض عصبی شدن و از دست دادن کنترل است. چراکه وقتی دچار احساسات می‌گردد، دیگر نمی‌تواند به آوای منطق و عقل گوش فرا دهد اما وقتی زنی عصبی می‌شود دلیل آن نیست که احساسات مثبت خود را از دست داده است. زن بیشتر از مرد می‌تواند عصبانیت خود را کنترل نماید. او بیشتر مواقع رعایت حال مرد را کرده و خشم خود را فرو می‌دهد. در عین عصبانیت یک زن می‌تواند به نظرات دیگران نیز گوش فرا دهد. ولی حالت عصبی مردان باعث جسارت آنها شده و قیافه‌ای حق به جانب به خود می‌گیرند. وجود چنین تفاوتی در بین مردان و زنان باعث می‌شود که زنان

بتوانند لیاقت و کارایی‌های خود را به عرصه ظهور برسانند. زنان ابتدا به صورت باطنی مسئله را مورد بررسی قرار داده و بعد عکس‌العمل از خود بروز می‌دهند.

برای اینکه یک زن به برخوردی منطقی دست یابد، باید ابتدا خوب فکر کرده و احساسات درونی خویش را مورد توجه قرار دهد و صحت آن احساسات را به بوته امتحان گذارد. هر آنچه را با حقیقت وجودش ناسازگار باشد، تصحیح کرده یا رد نماید. اگر او این کار را نکند و به بررسی ذهنی نپردازد شاید بسیار جدی، خودرأی، پرمدعا، تحقیرکننده و ناامید جلوه‌گر شود. این ناشی از بخش تاریک ذهن او است.

وقتی مرد به واکنش منطقی و صحیح درون خود گوش فرا ندهد احساسات منفی ویرانگری از او ظاهر می‌گردد. در مورد زنان نیز وضع همین‌طور است. در صورت عدم اجرای واکنش‌های باطنی خویش، دارای اعمالی بسیار خشک و جدی می‌شوند. با عمل کردن به احساسات مثبت یک زن دارای طرز تفکری روشن و ملایم می‌گردد. مردها هم در اثر رفتاری مثبت، دوست داشتنی‌تر و امیدوارکننده خواهند بود.

میزان آسیب‌پذیری زن و مرد از مشاجره یکسان است

زنان به هنگام ناراحتی احساسات خویش را سرکوب می‌کنند و این امر باعث بروز بحث و جدل میان آنان و همسرانشان خواهد شد. تمامی حرف‌های زن ریشه در جدیت و خودرأیی دارد. این حالت باعث می‌شود مرد حالت تهاجمی

و تهدید به خود بگیرد. مرد احساس می‌کند مجالی برای گفت‌وگو نیست و عقیده‌اش مورد قبول همسر واقع نشده است. زن نیز گمان می‌کند این عمل راهکار خوبی است و شوهرش عصبانی نمی‌شود و احساسات منفی خود را کنترل می‌کند.

اگر مردی افکار و نقطه‌نظرهای همسرش را نادیده بگیرد و احساسات منفی خود را آشکار نماید، باعث عصبانیت و خودرأیی او می‌گردد. در چنین جوی هیچ برنده‌ای وجود ندارد.

گاهی در مشاجرات مرد تمام احساسات منفی خود را بیرون می‌ریزد و از درون احساس آرامش می‌کند. غافل از اینکه به عواطف و احساسات همسر خود لطمه‌ای بزرگ وارد آورده است. بعد از مدتی او می‌تواند به دلیل بروز این اعمال از همسرش عذرخواهی نماید، البته همسر نیز او را خواهد بخشید.

باید در نظر داشت که بیان این حرف‌ها بسیار راحت‌تر از انجام دادن آنهاست. زن حرف‌های مرد را برای مدت کوتاهی به خاطر می‌سپارد ولی ناراحتی که از این گفته‌ها برایش پیش آمده است ماندگارتر خواهد بود. شاید زن تا آن هنگام که مرد از او دلجویی نکرده است ناراحت و در حالت قهر بماند. مرد نیز حرف زدن را بی‌فایده می‌داند و تصمیم می‌گیرد حرف‌هایش را برای خود نگاه دارد.

زن و مرد هر دو به یک شدت از مشاجره لطمه می‌خورند به اثرات ویرانگر آن واقف نیستند. نباید این تأثیرات منفی را که در اثر مشاجره برای آنها به وجود می‌آید نادیده گرفت. اگرچه لطمات ممکن است جسمی نباشد ولی مدت زمانی که این ضربه‌های روحی نیاز دارند تا التیام یابند، بسیار بیشتر از درمان

ضربات جسم خواهد بود. هرچه زن و شوهری به یکدیگر نزدیک‌تر باشند و علاقه بیش‌تری بین آن دو حکمفرما باشد راحت‌تر می‌توانند به دیگری ضربه روحی بزنند. چراکه نسبت به هم بسیار حساس هستند و انتظار چنین امری را ندارند.

از آنجا که مردان با تجزیه و تحلیل عقلانی خود انرژی دریافت می‌دارند، نمی‌توانند دریابند که همسران تا چه حد احساساتی و آسیب‌پذیر هستند. بنابراین خیلی راحت این عواطف را زیر پا گذاشته و اهمیتی برای آن قائل نمی‌شوند. مردان روی حرف‌های خود تأکید بسیار دارند و به هنگام مشاجره هرگز قدرت آن را ندارند که بدون لطمه زدن به احساسات طرف مقابل حرف خود را بیان دارند. زنان هم در چنین مواقعی بسیار لجباز و مستبد عمل کرده و مردان را ناراحت و عصبی می‌گردانند. البته این مطلب دقیقاً به اثبات نرسیده است. زن می‌تواند با ابراز نظری مخالف نسبت به شوهر خود او را ناراحت گرداند. در چنین حالتی مردان سکوت اختیار کرده ودقایقی بعد با مهربانی اقدام به صحبت کردن می‌نمایند اما در دل خود احساس بی‌مهری و سردی دارند. مردان و زنان هر دو آسیب‌پذیر هستند ولی مردان از میزان آسیبی که در یک مشاجره به آنها وارد می‌شود اطلاع ندارند.

شاید زنان تنها با مطالعه چنین کتاب‌هایی بتوانند به میزان آسیبی که به شوهر خود وارد می‌آورند، آگاهی یابند. چون حتی خود مردان هم از این امر اطلاع ندارند. دانستن این امر بسیار مهم است. چون با دانستن این مسئله می‌دانند دیگر وقتی که سکوت می‌کنند چطور منطقی و عقلانی فکر نمایند و

دریابند که چه اتفاقی افتاده است. وقتی مردان به شدت عصبی می‌شوند و قدرت منطق را از دست می‌دهند در بخش تاریک ذهن خود باقی می‌مانند. یک زن نیز به هنگام از دست دادن حالت درونی خویش به چنین جایی می‌رسد.

روش مقابله با تنش در مردان و زنان

اظهار نظرات و احساسات زن و مرد کامل‌کننده یکدیگر بوده و در جهت کاهش تنش وضعیت پیش می‌رود. مردان سعی دارند وضعیت موجود را تغییر داده یا از بین ببرند. زنان نیز رفتار خود را طوری تغییر می‌دهند که کمتر حالت تنش به وجود آورد. آنان بیشتر به کمک، بخشش، گذشت، عشق و تواضع روی می‌آورند تا به وضع بهتری برسند. مردان با رفتار و اعمال خود وضعیت موجود را تغییر می‌دهند.

چگونه زنان تعادل خویش را از دست می‌دهند

زنان برای جلوگیری از هر تنش و مشاجره‌ای همیشه سازش و همراهی دارند. یک زن برای رسیدن به آرامش در رابطه زناشویی خود رفتار خویش را تغییر می‌دهد، فداکاری کرده و از حرف خویش می‌گذرد اما وقتی که می‌بیند شوهر مثل او رفتار نمی‌کند به سختی آزرده می‌گردد. بعد به حالتی آمرانه و آزاردهنده مبدل می‌گردد و نسبت به همسر خویش بی‌اعتنا و سرکش می‌شود.

زن هنگامی قصد اثبات خویش را دارد که تلاش‌هایش برای رسیدن به خواسته‌ها با شکست روبه‌رو گردد. او نمی‌داند چطور برخورد نماید یا چه تغییراتی لازم است تا بتواند به اهداف خویش دست یابد. او باید در رفتار منفی خود مانند رنجاندن بازنگری کند. اگر زنان در مورد شیوه تغییر نظر و طرز تلقی خود، آموزش ندیده باشند درک و شناخت آن توسط خود فرد بسیار مشکل خواهد شد. بیشتر دختران در دروان کودکی تنها می‌آموزند که احساسات خویش را سرکوب نمایند و همیشه دخترانی مؤدب و سرحال باشند. حتی اگر به واقع چنین احساسی نداشته باشند.

این چنین رفتاری که باعث سرکوبی احساسات واقعی می‌گردد شاید در نگاه اول مثبت و سازنده به نظر رسد، ولی باعث می‌شود شخص از خود واقعی خویش دور شود. برای آنکه زنان بتوانند با تنش‌ها و مشاجرات روبه‌رو گشته و به حل آن‌ها بپردازند باید متمرکز باشند. چنانچه زن رنجیده و سر در گم گردد بیشتر دوست دارد که شوهر خویش را تحت سلطه درآورد.

چگونه زن تغییر می‌کند

زنان در مواجهه با یک رویداد و حادثه می‌توانند طبیعی رفتار نمایند و آنان به راستی خود را تغییر نمی‌دهند، بلکه به سویی که بیشتر شخصیت آن‌ها متوجه آن است، تمایل پیدا می‌کنند. زن با داشتن نیروی ذهنی و احساساتی می‌تواند با صحبت کردن در مورد احساسات خویش، خود را تغییر دهد. برای آنکه زن به چنین خواسته‌ای برسد نیاز دارد که به حرف‌هایش گوش فرا دهند و به او

احترام بگذارند. این امر باعث می‌شود که عشق و علاقه او به همسرش بیشتر شده و تمرکز بیشتری یابد.

چنانچه زن ناگزیر شود احساسات خود را مخفی نماید رفته رفته تماس او با خود واقعی‌اش قطع می‌گردد. او احساس می‌کند که کوته‌بین و سنگدل شده است. دیگر نمی‌تواند با مهربانی و صبر تنش‌های زندگی خود را حل و فصل نماید و برای به دست‌آوردن عشق و علاقه دیگران، در هماهنگ کردن رفتار و گفتارش با آنها به شدت صدمه می‌بیند. در اینجاست که توانایی او برای تطابق و تغییر در مسیر از بین بردن تنش‌ها، رو به کاستی می‌گذارد و نمی‌تواند رفتاری محبت‌آمیز و مثبت داشته باشد.

یک زن که از اعتماد به نفس کافی برخوردار نیست می‌تواند به راحتی رفتار و گفتار خود را با دیگران تطبیق دهد اما نمی‌تواند احساسات خود را تغییرپذیر نماید. شاید بتواند تظاهر کند که به همسر خود عشق و علاقه دارد ولی در نهان قلب او مملو از رنجش، سوءظن و عدم رضایت است. وجود چنین احساسات منفی باعث تضعیف روحیه و سردی روابط می‌گردد.

چگونه مردان تعادل خویش را از دست می‌دهند

مردان برای آنکه روابط زناشویی خویش را بهبود بخشند به صورت نظری و عملی و در مرحله بعد، احساساتی وارد عمل می‌شوند. هنگامی که مردی متوجه شود همسرش ناراحت شده ابتدا سعی می‌کند وسایل خوشحالی او را فراهم نماید. وقتی چنین امری محقق نشد او سعی می‌کند هدف را تغییر دهد و آن هدف را برای خوشبختی همسرش تأمین نماید. باز هم اگر این مسائل باعث خوشحالی همسرش نگردد او به گونه‌ای بسیار احساساتی عمل خواهد کرد. البته این احساسات همیشه مثبت نیستند. احساساتی مانند: جسارت، رنجش، کینه‌توزی، قصاص و حق به جانبی پا به میدان می‌گذارند. او در چنین حالتی دیگر بسیار عصبی، مظنون و شکاک می‌شود. اعتماد به نفس خویش را از دست می‌دهد و دیگر هیچ لزومی نمی‌بیند که برای خوشحالی همسرش کاری انجام دهد. او با بدقلقی‌هایش احساسات منفی خویش را بروز می‌دهد. هنگامی که مرد حالت منطقی و معقول خود را از دست می‌دهد بسیار سخت می‌توان او را به روزهای گذشته بازگرداند و از خر شیطان پیاده کرد.

چگونه یک مرد تغییر می‌کند

از آنجا که مردان رفتار نظری دارند بهترین راه برای تغییر وضع موجود و از بین بردن مشکلات این است که از خارج خود وارد عمل شوند. یک مرد

می‌تواند با شناخت عکس‌العمل دیگران رفتار و کردار خویش را معقول‌تر و احساسی‌تر نماید. هنگامی که مشکل او مرتفع شد خود به خود تغییر می‌کند. وقتی که او مشکل را در وجود خویش بیابد، بسیار سخت است که خود را تغییر دهد. پذیرش چنین رفتاری از سوی مردان برای زنان بسیار سخت است، چراکه زن براساس ذات خویش که احساساتی است می‌داند که چه تغییری در خود باید بروز دهد. او تغییر را می‌یابد و می‌تواند انجام دهد. یک مرد وقتی بخواهد خود را عوض کند باید تصمیم به چنین اقدامی بگیرد. آگاهی زن برای تغییر وضع رفتاری موجود کفایت می‌کند. مرد باید مشکل را از برون وجود خود جستجو کرده و درک نماید.

هنگامی که مردان در یک کار نتایجی به دست‌آورند که تمایلی به آن نداشته‌اند باعث می‌شود که به تغییر احساس خود روی آورند، ولی به صورت کاملاً اجباری. یک زن وقتی احساس کند که مورد محبت قرار دارد و طرف مقابل او را درک می‌نماید و احساس امنیت نماید، اگر رفتار او مناسب با شخصیت خویش نباشد می‌تواند به راحتی خویش را تغییر دهد.

هنگامی که شوهر برای رضایت همسرش تمام توان خویش را صرف می‌کند و راه به جایی نمی‌برد حالت انفعالی پیدا کرده و ناراحت می‌شود. او رفتار خویش را تغییر نمی‌دهد و تنها همسرش را مقصر می‌داند و به دفاع از خود می‌پردازد. این وضعیت باعث تحلیل قوای مرد می‌گردد. او باید بداند که چطور می‌تواند رفتار خویش را متناسب با وضعیت موجود تغییر دهد.

هنگامی که مرد نمی‌تواند همسر خود را راضی نماید رفته‌رفته رفتار و اعمالش تغییر می‌یابد. او دیگر نیروهای مردانه خویش را نادیده می‌گیرد. بـه ایـن بـاور رسیده است که هیچ گاه اعمال و تصمیماتش مورد پسند همسر واقع نخواهـد شد، از این رو از مسئولیت‌های زندگی شانه خالی می‌کند و کمتر رو به فعالیت و کار می‌آورد. او تاکنون هر کاری که انجام داده از نظر همسـرش غلـط از آب درآمده و این باعث درد و ناراحتی او می‌گردد. بـرای یـک مـرد هـیچ چیـزی دردآورتر از این نیست که از طرف خانواده خود مورد احتـرام و پـذیرش قـرار نگیرد.

وقتی که مردی در کار و تصمیمش با شکست روبه‌رو می‌شود همسر بـه خـود اجازه می‌دهد در کارهای او مداخله نماید. مرد از این وضعیت رنـج مـی‌بـرد و باعث می‌شود علاقه او نسبت به همسرش کاهش یابد. او دیگر خـود را درگیـر تصمیم‌گیری و کار نمی‌کند، چراکه همسرش دائم در حال گوشـزد و تصـحیح کردن او است. او از این کار احساس بیهودگی و ناکارآمدی می‌کند.

زنان کارهای مردان را زیر نظر گرفته و اشتباهات آنان را گوشـزد مـی‌کننـد و عقیده دارند با این وضع به شوهر خود کمک می‌کنند تا خود را تغییر دهـد و انگیزه آنها برای کار بیشتر شود، ولی نمی‌دانند که ایـن کـار باعـث لجاجـت و جسارت بیشتر آنها می‌شود.

مردی که با شکست کاری روبه‌رو می‌گردد احتیـاج بـه زمـان دارد تـا انـدکی مسائل را بسنجد و آرام آرام پی بـه اشـتباهات خـود بـبرد. زخـم زبـان‌هـا و

اظهارنظرهای کوبنده تنها احساس حق به جانبی و فراموش کردن مسئله را برای مرد به وجود می‌آورد.

جمله‌ای مانند: «من که گفتم...»، «تو هیچ وقت به حرف من گوش نمی‌دهی»، «می‌دانم که حالا احساس پشیمانی می‌کنی» می‌تواند وضعیت موجود را بدتر کند.

اگر مرد در اثر اشتباهاتش سرزنش نشود و کسی او را تصحیح ننماید، خود پند گرفته و پی به اشتباهات خویش می‌برد. تمام این درس‌ها بدون اینکه مرد در پی یادگیری و گوش دادن باشد از سوی زن و یا اطرافیان عنوان می‌شود و طبیعی است که اثری ندارد. اگر به یک مرد تنها گفته شود: «چه اتفاقی افتاده است؟» باعث می‌شود او روی مشکل دوباره تمرکز یابد و نظری برای رفع مشکل ارائه دهد.

مرد به هنگام تنش چه نیازی دارد؟

هنگامی که مردی در یک موقعیت تنش زا و تحت فشار قرار می‌گیرد، نیاز به فرصت و مجالی دارد که موضوع را دوباره بررسی نماید و درک کند که چه اتفاقی افتاده و چطور می‌تواند آن را حل و فصل نماید. بعد از این بررسی احساس بهتری را تجربه می‌کند و می‌تواند درباره دلیل به وجود آمدن آن صحبت کند. او می‌تواند برای اشتباهات خویش جوابی بیابد. این موقعیت باعث می‌شود که مرد طبیعت مردانه‌اش را سرکوب نکند و درصدد تغییر آن برنیاید.

مرد تا هنگامی که راه دیگری برای جلوگیری از اشتباه پیش آمده پیدا نکند، به اشتباه خود اعتراف نخواهد کرد. چنانچه مردی بگوید: «اگر آنچه را که الان می‌دانم، آن موقع می‌دانستم وضع این‌طور نمی‌شد.» نشانگر این مسئله است که او به اشتباه خود پی برده است.

زن به هنگام تنش چه نیازی دارد؟

یک زن به هنگام ناراحتی نیاز دارد که احساسات خود را از طریق صحبت کردن بیان نماید. چنانچه این امر برایش محقق نگردد کلافه شده و آزرده خاطر می‌گردد. او به مدت زمان زیادی احتیاج دارد تا بتواند به حالت اولیه خود ‑دوست‌داشتنی و با اعتماد به نفس‑ بازگردد و تمرکز یابد. در این هنگام او دوست دارد که از سوی همسرش مورد احترام و محبت قرار گیرد و خواسته‌هایش درک گردد. مردان در چنین اوقاتی بیشتر به قضاوت همسر خود می‌پردازند و او را سرزنش می‌کنند و به حرف‌های آنان گوش نمی‌دهند. زمانی که مردان متوجه می‌شوند درصدد تصحیح و پند و اندرز دادن همسر خویش برآمده‌اند و ناخواسته او را از خود رنجانده و ناراحت کرده‌اند، ابراز علاقه و احترام می‌کنند.

مردان چگونه زنان را می‌آزارند

همان‌طور که زنان به هنگام اشتباهات همسران اقدام به اصلاح او می‌کنند، یک مرد هم نمی‌تواند وقتی همسرش اشتباهی مرتکب شده است به قضاوت او نپردازد و او را به کم‌عقلی، خودخواهی و بهانه‌گیری محکوم نکند. بسیار انگشت‌شمار هستند مردهایی که متوجه شوند این حرف‌های آنان در چنین موقعیتی، همسرشان را بیش از حد آزرده‌خاطر و ملول می‌سازد.

قضاوت‌های مرد باعث سردرگمی و حواس‌پرتی زن می‌گردد و داوری‌های منفی او در وی اثر بدی خواهد گذاشت. چنانچه شوهر ابراز کند که او مغرور است و به فکر او نیست زن واقعاً خودخواه‌تر شده و علاقه‌اش نسبت به همسر کاهش می‌یابد. گفتن صفات نادان، لجباز و یک دنده نیز باعث می‌شود که این افعال در او پررنگ‌تر گردد. قضاوتی که در اثر رنجش عنوان شود هرگز کارساز نیست.

هنگامی که زن تحت فشار عصبی است احتیاج به زمان و حمایت دارد تا دریابد که چطور باید بر این مشکل فایق آید. باید احساس کند هنوز مورد علاقه و احترام همسرش قرار دارد. او با صحبت کردن و بروز احساسات درونی خویش احساس بهتری خواهد داشت.

از آنجا که زنان و مردان از این واکنش‌های خویش اطلاع ندارند در چنین شرایطی از خود واقعی خویش دور می‌شوند و به بخش تاریک ذهن پناه می‌برند. در چنین حالتی احساسات منفی، بارها برداشت‌های مثبت را تحت الشعاع قرار می‌دهد.

بخش‌های تاریک ذهن

هنگامی که مرد احساس کند مورد اهانت و توهین واقع شده است، دچار تنش و استرس می‌شود. چنانچه نتواند راه‌حلی برای مشکل خویش بیابد به ناچار به بخش تاریک ذهن خویش وارد شده و عکس‌العمل عصبی از او سر می‌زند. وقتی که مرد احساسات نظری خود را از دست می‌دهد و سکوت می‌کند راه را بر احساسات دیگر می‌بندد تا بتواند به همان بخش نظری دست یابد. با رسیدن به بخش نظری مرد می‌تواند مسئولیت کارهای خود را برگردن گیرد و به احساس آرامش برسد. او در این مرحله می‌تواند خود را تغییر دهد و به راه‌حلی برای رفع تنش دست یابد.

زنان نیز به هنگام تنش و تأمین نشدن احتیاجات و خواسته‌های خود به بخش تاریک ذهن روی می‌آورند و تمرکز حواس خود را از دست می‌دهند.

وقتی که احساسات ذهنی مرد ظهور می‌کنند دیگر اثری از عقل و منطق نمی‌توان یافت. آنها کج خلق، عصبی، بی‌انصاف و طغیان‌گر می‌شوند. سکوت کردن مردان باعث می‌گردد که احساسات بد اجازه رشد نداشته باشند. در حقیقت این سکوت به منزله کلید حفاظتی مدار جریان الکتریسیته است.

گاهی اوقات زن سعی دارد با شوهر خود از احساسات خویش بگوید. در حالی که همسرش احتیاج به سکوت دارد. زن با این صحبت‌کردن تمام احساسات منفی و عکس‌العمل‌های بخش تاریک ذهن همسرش را بیدار می‌کند و سبب می‌شود احساسات منفی او بروز کند. زن در چنین موقعیتی براساس طبیعت خویش عمل می‌نماید، چون او احتیاج به حرف زدن دارد.

خشونت مردان

هنگامی که غرور مردی جریحه‌دار شود، چنانچه قبل از اینکه او مسائل را برای خود حل و فصل نماید دستخوش هیجانات و احساسات خوشایندی شود، اعمال خطرناکی از او سر خواهد زد. منفی‌ترین این حالات پرخاشگری، انتقام است. مرد تمایل دارد آزردگی خود را بیرون بریزد یا به دیگران انتقال دهد. این یکی از حالات روحیه مردانه است. خشونت مردانه باعث می‌شود که او درد و رنج خود را بیرون بریزد و به احساس بهتری دست یابد.

اگر مردی اقدام به شکستن چیزی یا تحقیر کردن کسی می‌نماید این نوعی عقب‌نشینی نیمه هوشیارانه است در مقابل کسی که احساس می‌کند او همین بلا را به سرش آورده است. هرچه مردان بیشتر بیاموزند که روابط خویش را بهبود بخشند، حس خشونت در آنها کاهش خواهد یافت.

با ناراحت کردن دیگری مرد می‌تواند احساس درد و ناراحتی خود را نیز به عینه ببیند.

نمونه این چنین حالاتی را در فیلم‌ها دیده‌اید. مثلاً: شخصیت منفی فیلم شخصیت مثبت را آزار و اذیت می‌کند. در انتها وقتی که شخصیت منفی به عقوبت می‌رسد همه خوشحال و شادمان می‌شوند و به احساس خوبی می‌رسند. اگرچه حس انتقام در زنان هم وجود دارد ولی این حس در مردان بسیار قوی است.

هر کسی تنها زمانی از رنج بردن دیگران لذت می‌برد که خود رنج دیده و زجر کشیده باشد و گذشت زمانه بر این زخم‌ها مرحمی نگذاشته باشد. این شیوه

عمل بیشتر در رفتار مردان موقع تسویه خرده حساب‌های شخصی بروز می‌کند.

صلح و سازش

اساس و شالوده تمامی جنگ و پلیدی‌ها تمایلات انسانی است که حس انتقام جویی در آن موج می‌زند. آن هنگام که انسان آموخت در مورد دردها و آلام خود سخن بگوید دیگر این طغیانگری فروکش کرد. مردان برای سخن گفتن در مورد دردها و رنج‌های خویش ابتدا باید به درک درستی از آن نایل آیند و این امر محقق نمی‌گردد مگر به مدد توسعه بخش زنانه.

بخش زنانه مردان از راه گوش دادن و احساس همدردی با دیگران توسعه می‌یابد. وقتی این حس در آنها زنده شود می‌توانند در رنجش‌های خویش تأمل کنند و درباره آنها صحبت کرده، تسکین یابند و حس انتقام‌جویی را از یاد ببرند.

گاه من با مردهایی برخورد می‌کنم که در طی زندگی خویش هرگز گریه نکرده‌اند تا مکنونات قلبی خویش را بیرون بریزند. مردان با گوش‌دادن محترمانه در محیطی دوستانه می‌توانند به این احساسات دقیق دست یابند. بیشتر پدران با این احساسات بیگانه هستند و فرزندان آنها نیز این احساسات را نمی‌شناسند. اگر مردان این احساسات را باز شناسند، در اثر هر ناراحتی در آزردگی و رنجش ناشی از آن باقی خواهند ماند.

یکی از راه‌های دور شدن از حس منفی انتقام‌جویی و رهایی از رنجش‌ها شرکت در محافل است که محیطی آرام داشته باشند و افراد بتوانند در آن از رنج و دردهای خویش به راحتی سخن بگویند. مطالعات خصوصی و جلسات مشاوره تا حدی مؤثر است که درد و رنج شخص را به او می‌نمایاند. وقتی مردی قصد دارد احساسات خود را گسترش دهد نیاز به دوره درمان طولانی دارد. اگر در جلسات عمومی و سمینارها شرکت کند اثرات مؤثرتری را در دوره کوتاه‌تری خواهد دید.

این شیوه کمک گروهی در آمریکا بسیار رواج یافته است. مردان به حدی رسیده‌اند که بدون احساس انتقام‌جویی از دردها و ناراحتی‌های خویش می‌گویند. این شیوه درمانی تدریجی باعث بهبود و بهینه‌شدن روابط زناشویی گشته است و رفته‌رفته صلحی جهانی را در پی خواهد داشت. وقتی هر یک از مردمان احساس آزادی، احترام و آرامش داشته باشند بازتابی فراگیر خواهد داشت. در آن صورت می‌توانیم صلح را در سطوح بین‌المللی گسترش دهیم. اینجاست که صلح جهانی معنای واقعی پیدا خواهد کرد.

تحمیل درد و رنج به دیگری

هنگامی که فردی بر اثر اختلافات به وجود آمده آزرده‌خاطر شود و این امر را بیان نکند و آرامش نگیرد اقدام به تلافی کردن می‌نماید. او این عقیده را باور می‌کند که در مقابل بدی باید بدی کرد. دیگر در دل او جایی برای رحم و شفقت وجود ندارد. احساسات تلافی‌جویانه در او به اوج خود می‌رسد.

آنچه مسلم است این است که بیشتر مردان نمی‌توانند احساسات خود را بدون به کار بردن تهدید بیان کنند. به ویژه هنگامی که غرورشان بسیار جریحه‌دار شده باشد. مردان باید به این مهارت دست یابند که به دردهای دیگران گوش دهند و احساس همدلی نمایند و سپس خود از دردها بگویند و انتقام‌جویی را کنار گذارده و تسکین یابند. با درک این موضوع آنها می‌توانند حرف‌های همسر خود گوش دهند و شوهری فهیم، دلسوز و مهربان شوند.

اگر مردی نسبت به همسر خود دل‌رحم و مهربان نباشد به منزله این است که اعتنایی به او ندارد. این احساسی است که زنان هنگامی که با شوهر خود در حالت قهر به سر می‌برند دارند ولی در واقع مردان از همه چیز فاصله می‌گیرند و ساکت می‌شوند و با کنکاش در خود سعی دارند با دردها و رنجش‌ها ارتباط برقرار سازند. زنان این سکوت و فاصله را دلیل بی‌مهری همسر می‌دانند در صورتی که اصلاً چنین نیست.

مردی که آموخت چگونه به درد دیگری گوش دهد می‌تواند در مورد دردهای خود هم صحبت کند و ناخواسته از حس تلافی‌جویی رها می‌شود. اگر مرد به چنین مهارتی دست نیابد درد خود را به همسرش انتقال می‌دهد تا از این راه خود احساس آرامش نماید.

تهاجم انفعالی

شاید برخی از مردان با خواندن این مطلب اذعان کنند که ما دارای چنین احساساتی نیستیم اما اگر کمی انصاف به خرج دهند خواهند دید که در مواقع قهر و دوری چطور پنهانی به تنبیه دیگران پرداخته‌اند. شاید بعضی افراد انتقام جویی را به دیگران نیز بیاموزند. بسیاری از آنان به حالات تهاجمی که در برابر دیگران دارند آگاه نیستند. این تهاجم ناآگاهانه حالتی انفعالی به خود گرفته و به عوض اینکه درد را به دیگری انتقال دهد، موجب بروز رنج و درد در خود شخص می‌گردد و در چنین اشخاصی خصوصیاتی مانند: فراموشکاری، بی‌میلی جنسی، خستگی، بیان نکردن احساسات و تفکرات، لجبازی، سرپیچی، داوری‌های درونی، غرور، حق‌طلبی و لذت بردن از رنج دیگران بروز می‌کند و جایی برای رحم، مهربانی، دلسوزی و همدردی باقی نمی‌ماند.

تهاجم برای حق‌طلبی (احقاق حق)

گاهی اوقات مردان برای احقاق حق حالت تهاجمی به خود می‌گیرند. مرد برای اینکه رفتار تهاجمی خود را موجه جلوه دهد تقصیر را به گردن دیگری می‌اندازد. او برای تنبیه و تلافی زن در رابطه زناشویی خویش از ارتباط جنسی خودداری می‌نماید یا از مهر و محبت به همسر مضایقه می‌ورزد یا خیلی روشن‌تر وارد عمل شده دست به پرخاشگری می‌زند و حرف‌های زشت می

گوید حتی کتک‌کاری راه می‌اندازد. بدترین شکل این موقعیت هنگامی است که همسر خویش را مسئول این رفتار منفی و نامهربانی بداند.
شاید بتوان گفت این عملکرد در پی رفتاری است که با او شده است اما باعث نمی‌شود که چنین مواجه‌ای داشته باشد. مرد فکر می‌کند از آنجایی که همسر به او آسیب رسانده است می‌تواند این رفتار را انجام دهد. به خود حق می‌دهد و همسر را مسئول این رفتار خود می‌داند. او نمی‌تواند باور کند که او هم اشتباه می‌کند. وقتی که مرد دست به چنین کارهایی می‌زند، خود را با این توجیه آرام می‌کند که طرف مقابل استحقاق این رفتار را دارد. در صورتی که هیچ انسانی برای زجر کشیدن خلق نشده است. مردان این ناراحتی و آزار دیگری را به عنوان یک راه‌حل قبول دارند و تا زمانی که این باور بر آنها مستولی شده است زجر و ناراحتی هم ادامه خواهد داشت. مردان باید بیاموزند که دردهایشان را تسکین دهند، نه اینکه آن را به دیگری تحمیل نمایند و وسیله‌ای شوند برای ناراحتی و تعدی به دیگران. باید یاد گرفت که به وسیله حرف زدن و تخلیه درونی، دردها و آلام را به آرامش مبدل کنیم. برقراری صلح در روابط زناشویی و در سطح گسترده‌تر —جهانی- درپناه گسترش بخش زنانه تجلی خواهدیافت. رفته‌رفته تمام دولتمردان بهای نااندیشه وصرافت خواهند رسید که سیاست خود را بر رحم و مهربانی بنا نهند و دست از تحقیر نابخردانه دیگران بشوند.

خشونت زنانه

زنان هنگامی اقدام به خشونت و استفاده از بخش مردانه وجود خود می‌کنند که روحیه آنها به شدت صدمه دیده باشد. البته زنان به عنوان اولین راهکار از این وسیله استفاده نمی‌کنند و می‌توانند خشم خود را کنترل نمایند. بیشتر زنانی که خشن نیستند معمولاً در آستانه خشونت قرار می‌گیرند و باز خود را کنترل می‌کنند و تمایل دارند دیگران را مسبب آسیب وارده به خود بدانند. با این کار بخش زنانه وجود آنها احساس آرامش خواهد داشت.

مردان با تلافی کردن تسکین پیدا می‌کند و زنان هم از دیدن ناراحتی کسی که او را آسیب رسانده است آرامش می‌یابند.

برای آنکه حس آزردگی زن التیام یابد او دوست دارد دیگران از آن اطلاع یابند و با او همدردی نمایند. اگر بتواند احساسات دلسوزی دیگران را برانگیزد تقصیر را به گردن دیگری خواهد انداخت. وقتی او تأکید دارد دیگری را مقصر جلوه دهد یعنی، اینکه او سزاوار این همه بدرفتاری نبوده است. این کار او باعث می‌گردد که همسرش از او برنجد و درصدد انتقامجویی برآید.

در روابط میان زن و مرد رفته رفته زنان در رفتار خویش تجدید نظر کرده و رفتار معقول‌تری خواهند داشت. مردان از اتهامات نادرستی که به آنها نسبت داده می‌شود شک و سوءظن، ایرادگیری، داوری اشتباه، عدم اعتماد و پذیرش آنها و قدردانی نکردن بسیار ناراحت شده و می‌رنجند. یک زن با هر یک از این اعمال ندانسته شوهر خود را از خود دور می‌سازد اما همیشه زنان احساس می‌کنند که بیش‌ترین رنجش و آزردگی را مردان به آنها تحمیل می‌کنند،

چون این رفتار آنها بارزتر و با شدت عمل بیشتری است. زن اشتباه همسر خویش را با بالا بردن صدای خود ابراز می‌کند ولی مردان شدت عمل بیشتری دارند.

وقتی زن برنجد و نتواند این احساس خود را با دیگری بیان کند احساس گناه و بی‌اعتمادی می‌کند. او تقصیر را به دیگری محول می‌کند تا دردهای خود را تسکین دهد. زنان گمان می‌کنند اگر خویش را فداکار نشان دهند و با مهر و محبت بیشتری رفتار نمایند مورد لطف و محبت همسران قرار می‌گیرند. اگر با آنها بدرفتاری نشود توجه شوهر به ایشان جلب نمی‌شود اما اگر زنان به مهارت گفت‌وگو کردن با شوهر دست یابند می‌توانند بدون هیچ رنجشی از سوی شوهر این حس قربانی شدن خود را کنار بگذارند و مورد مهر و لطف قرار گیرد. در بعضی موارد، وقتی که به دردهای یک زن گوش داده نشود و درد او تسکین نیابد وی اقدام به تنبیه خویش می‌کند. این تنبیه به اشکال گوناگونی بروز خواهد کرد. شاید او خود را از شادی‌ها به کنار کشد و رفتاری مخرب را برای خویش پیشه نماید. حتی گاه او بیمار می‌گردد یا دائم به انتقاد کردن، سوءظن و داوری‌های نادرست در مورد خویش می‌پردازد یا او در یک رابطه زناشویی بیشتر از آنچه دریافت کند مایه می‌گذارد.

این نوعی بیماری روانی بهبود نیافته است که حال به صورت خودتنبیهی آشکار می‌گردد. در این بیماری بخش تاریک زنانه ظاهر می‌شود. بخش مردانه به تنبیه در خارج خود می‌پردازد و بخش زنانه این هشدار را در داخل آغاز می‌کند.

اگر با دیدی مثبت بنگریم به این نتیجه می‌رسیم که بخش مردانه در خدمت دیگران عمل می‌کند و بخش زنانه به تسکین و رشد خود می‌پردازد. دردهای نقش زنانه آنگاه التیام می‌یابند که کسی به آنها گوش فرا دهد. با این نگرش خواهیم فهمید که علت خشونت در مردان شاید به دلیل عدم توانایی آنها در تسکین دردها باشد. البته این یک نتیجه‌گیری کلی است. امکان دارد زن هم با همسر خود به خشونت رفتار کند و او دچار بیماری گردد. در این حالت بخش مردانه زن به فعالیت افتاده است که خشونت را ابراز می‌کند. بخش زنانه درد را به داخل و به خود شخص تحمیل می‌کند.

افکار منفی زنان با خود

زن از طریق افکار خویش باعث ناراحتی خود می‌گردد. با اندیشیدن و صحبت کردن با خود به صورت منفی خود را مورد آزار قرار داده و خود را از چیزی محروم کرده و یا تنبیه می‌نماید. یکی از بارزترین این نشانه‌ها احساس عدم شایستگی، تنهایی و دلسوزی نسبت به خویش است. او با احساس ترحم نسبت به خود از شکوفایی توانایی‌های خویش سر باز می‌زند و غیرمستقیم دیگران را در این امر دخیل می‌داند تا ناتوانی خود را توجیه نماید. شاید او احساس می‌کند که کسی از او قدردانی نمی‌کند و زحمات بی‌فایده‌ای می‌کشد. از اینکه از فداکاری‌هایش قدردانی نمی‌شود احساس بیچارگی می‌کند و دائم این را به زبان می‌آورد. در مرحله بعد، او از انجام آن کارها خودداری می‌کند. این نوعی از خشونت بیرونی است که مانع شکوفایی استعدادها می‌گردد.

دلسوزی نسبت به خود باعث رنجش و آزار می‌گردد. بعضی از جملاتی که این‌گونه دلسوزی‌ها را آشکار می‌سازد عبارتند از:

- بیچاره من! اگر شوهرم این حد بد و نامهربان نبود می‌توانستم زندگی بهتری داشته باشم.
- بیچاره من! شوهرم به من تلفن نزد و روزم را خراب کرد.
- بیچاره من! کاش آن سرمایه‌گذاری را انجام می‌دادم.
- من بیچاره! هیچ‌کس مرا دوست ندارد و همیشه تنها هستم.
- چقدر برای فرزندانم زحمت‌کشیدم ولی عاقبت هیچ چیز عایدم نشد.
- چقدر من بدبخت هستم، با این همه استعداد هیچ موفقیتی به دست نیاورده‌ام.
- بیچاره من! که در سال ۱۳۷۰ خانه نخریدم.
- بیچاره من! افراد خانواده‌ام همه پولدارند و من هیچ ندارم.
- بیچاره من! بهترین سال‌های زندگی‌ام را برای او هدر کردم، حالا بعد از جدایی او بلافاصله ازدواج کرده است.
- بیچاره من! بیشتر از همه کار می‌کنم ولی پول کمتری عایدم می‌شود.

در هر یک از این جملات مشخص می‌گردد که شخص به نوعی سعی در انکار توانایی و امکانات خویش دارد و با همه محدودیت‌هایی که برای خویش به وجود می‌آورد احساس ناخوشی در زندگی بر او مستولی می‌گردد. با داشتن احساس بدبختی و تأسف، ناخودآگاه پیام‌هایی به دیگران ارسال می‌شود که

آنها را متهم می‌سازد. شخصی که خود را در زندگی فدا شده می‌داند، با این احساس منفی امکان بهره‌گیری از یک عشق و علاقه را از دست می‌دهد. چنانچه زنان بیاموزند بدون ترحم به خود از درد و رنج خود بگویند حتماً آن دلسوزی و محبتی را که نیاز دارند دریافت خواهند کرد. مردان نیز با گوش دادن به دردهای دیگران خشونت را کنار گذاشته و قلبی مهربان در سینه خواهند داشت.

وقتی که به زنی عشق و امنیت مورد نیازش ارائه شود، خواهید دید که خودآزاری را کنار می‌گذارد. هرچه در تنش‌ها و موقعیت‌های بحرانی بتوانیم تفاوت‌های یکدیگر را بهتر بشناسیم روابط زناشویی بیشتر بهبود می‌یابند. اگر در موقعیتی که تنشی به وجود آمده است در عوض اینکه منتظر یاری و عشق همسر خود باشیم، ما این عشق و علاقه را به او ارزانی داریم، خواهیم دید که مشکلات آرام آرام از ارتباط ما رخت بر می‌بندند و سایه مهر و محبت بر زندگی مستولی می‌گردد.

در آخر باید گفت: یک مرد هنگام تنش به زمان و مکانی برای تفکر نیاز دارد تا بتواند راهکاری مناسب بیابد. زن به وقت و دقت عمل نیاز دارد تا راه‌حل‌های ذهنی پیدا کند. چنانچه هر یک از این دو نفر دیگری را یاری نکند، طرف مقابل به قسمت تاریک ذهن خود سوق پیدا خواهد کرد. برای جلوگیری از چنین امری باید عامل بروز تنش را پیدا کرد.

درپکیج زنان باهوش بخش رازورمز جذابیت به بررسی واکنش‌های متفاوت زن و مرد در مقابل تنش خواهیم پرداخت. این شناخت شما را در هنگام بروز تنش کمک خواهد کرد تا هرچه سریع‌تر وضع را به حالت عادی بازگردانید.

نشانه‌های بروز تنش

هنگامی که مردان درگیر تنش شده و تحت فشار قرار می‌گیرند، این حالت در آنان با سه مشخصه اصلی نمود پیدا می‌کند که بسیار مهم هستند. چراکه زنان این امر را نوعی بی‌اهمیتی به خود تلقی کرده و اوضاع را بدتر از آنچه هست احساس می‌کنند. این سه مشخصه عبارتند از: گوشه‌گیری، غر زدن و ساکت شدن. هنگامی که یکی از این علامت‌ها در مردی ظاهر شود زن احساس می‌کند که شدت علاقه همسرش کمتر شده است اما اگر این حالات را بشناسد و خوب تفسیر نماید، می‌تواند به همسر خویش کمک کند تا با این مسئله خود به خوبی کنار آید و هرچه سریع‌تر به وضع عادی بازگردد.

در زنان نیز تنش با سه مشخصه ظهور می‌کند که باعث سوءتفاهم در مردان می‌گردد. این خصایص در زنان عبارتند از: کلافگی، عصبانیت و مستأصل شدن. هنگامی که زن ناراحت می‌شود مرد بدون درک این موقعیت خود نیز باری می‌شود بر دوش زن. اگر زن و مرد این عکس‌العمل‌ها را از طرف مقابل خویش بشناسند می‌توانند در این موقعیت‌ها به حمایت و یاری همسر برخیزند.

واکنش‌های مردان در مواجهه با تنش
واکنش شماره یک مردان:

اولین واکنش مرد، انزواطلبی و جدا شدن از محیط است. او سعی می‌کند در قبال ناراحتی پیش آمده احساسات خویش را بروز ندهد و تا حدی از همه چیز کناره‌گیری کند. در چنین حالتی او دیگر صحبت نمی‌کند. زن این امر را به خود نسبت می‌دهد و در خود به دنبال اشکال می‌گردد، چراکه به طور غریزی او چنین رفتاری را در رویارویی با تنش دارد.

وقتی که مرد کناره‌گیری می‌کند زن به اشتباه می‌پندارد مشکل بسیار حاد است و شوهر دیگر او را دوست ندارد. برای یک زن این نشانه آزردگی و کم شدن علاقه است. خود زن هنگامی که تحت تنش قرار می‌گیرد هرگز مهر و علاقه‌اش نسبت به کسانی که دوستشان دارد کاهش نمی‌یابد و چه بسا محبت او بیشتر نیز بشود. از همین روست که علت این کار همسر را درنمی‌یابد. مردان به خاطر آنکه خود به عمل خویش آگاهی ندارند از رنجشی که بر همسر خود وارد می‌آورند، مطلع نمی‌شوند و حس دلسوزی و ترحم ندارند. او جو به وجود آمده را خیلی عادی و کم‌توجه می‌داند. مرد گوشه‌گیر می‌شود تا دردهایش را مهار کند.

مرد در چنین موقعیتی طوری عمل می‌کند که گویی همه چیز بر وفق مراد است. از پذیرش هرگونه کمک و مشورتی سر باز می‌زند. بنابراین زنان باید بدانند در چنین موقعیتی هرگونه دست یاری که به سوی شوهر دراز کنند رد خواهد شد.

به عنوان مثال، هنگامی که مرد در آغاز یک تنش قرار می‌گیرد و با مشکل شغلی روبه‌رو می‌گردد در اولین مرحله اقدام به کنار کشیدن خود می‌نماید. همسر او احساس می‌کند که دیگر جایی در قلب شوهر ندارد ولی باید گفت که عشق و علاقه مرد کاهش نیافته است. اوتنها نیاز به کمی انزوا و گوشه‌گیری دارد.

واکنش شماره دو مردان
مرد غرولند می‌کند

هر تلاشی که از سوی همسر مرد برای تغییر روحیه او صورت گیرد احتمال ناراحتی بیشتر او را در پی دارد. اگر او با این وضع کنار نیاید و تنش را از خود دور نسازد وضع بدتر خواهد شد، به خصوص اگر همسر درصدد دلجویی او برآید. هرگونه تلاشی برای بهبود وضعیت سبب غرغر کردن او خواهد شد. با وجود مقاومت‌های مرد همسرش قصد کمک به او را داشته و او کج خلق‌تر می‌شود و از همه چیز و همه کس شکایت دارد. هیچ کاری نمی‌تواند اعصاب او را آرامش دهد. در مواقعی که مردان در غار تنهایی خویش به سر می‌برند بسیار نامهربان و لجباز می‌شوند.

درخواست کمک و انجام کار، غر زدن‌ها و شکایات او را بیشتر خواهد کرد. این رفتار از سوی زنان به عنوان بی‌میلی مردان برای حمایت و کمک به خانواده است. در صورتی که اصلاً چنین نیست. مردان متمرکز می‌شوند تا به راهکار مناسبی برسند. در این هنگام درخواست کمکی از جانب زن باعث به هم

ریختن تمرکز شده و آنها سعی در حفظ آن و مقاومت در برابر عوامل خارجی دارند که نشانه این مقاومت همان غر زدن است.
غرولند کردن مردها نشانه این است که قصد دارند به آن خواسته جواب مثبت دهند، ولی مقاومت می‌کنند. چنین مقاومت‌هایی برای مردان بسیار عادی است.
این مقاومت در مردان به دلیل تفاوت ساختاری زن و مرد است. زنان در نیمکره مغز خود از بافت‌های ارتباطی بیش‌تری برخوردار هستند. این بافت‌ها رابط بین دو نیمکره چپ و راست هستند. در پژوهش‌های جدید مشخص گردیده که به همین علت زنان می‌توانند بسیار سریع به بخش‌های مختلف مغز دسترسی پیدا کنند. همین امر باعث انعطاف‌پذیری و تغییر دادن اهداف زنان می‌شود.
زنان تنها در مواقعی اقدام به غر زدن می‌نمایند که احساس کنند در مورد آنها رفتاری غیرعادلانه اعمال شده است. غر زدن آنها ارتباطی به تغییر هدف ندارد. مرد هیچ تمایلی به تغییر دادن اهداف خویش ندارد حتی اگر درخواست برای تغییر به جا هم باشد او علاقه‌ای به این کار نشان نمی‌دهد. در مواردی هنگامی که خود را برای تغییر آماده کرده است باز هم غر می‌زند.
زنان در چنین مواقعی از شوهران خود انتظار کمک ندارند. چون طرز رفتار آنها را به خوبی می‌شناسند و می‌دانند که شوهر درخواست آنها را بی‌ارزش و کماهمیت تلقی می‌کند و از او می‌رنجد. زنان نیز خود چنین رفتاری دارند. هنگامی که احساس کنند درخواست کم اهمیتی از آنها می‌شود اقدام به غر

زدن می‌نمایند. شاید خالی از لطف نباشد که من این رویداد را برای شما عنوان کنم: درست زمانی که من در حال نوشتن این مطلب بودم، همسرم وارد اتاق شد و با لحن خاصی گفت: «یک دقیقه وقتت را به من بده. دوست داری وقت دکتر را برای روز دوشنبه تنظیم کنم یا چهارشنبه؟» من به صورت غیرقابل باوری در برابر او احساس مقاومت کردم. دست‌های خود را به علامت رنجیدگی روی صورتم گذاشتم. همسرم این موقعیت را درک کرد. هنگامی که او این واکنش مرا درک کرد، با رویی باز از من سؤال کرد. او این رفتار مرا از قبل حدس زده بود و خیلی زود صحنه را ترک کرد.

دلیل دیگری که زنان غر زدن مردان را بد تعبیر می‌کنند این است که مردان با حالتی عصبی به این درخواست‌ها پاسخ می‌دهند. زنان گمان می‌کنند که مردان از رابطه خود ناراضی هستند و این را به خود می‌گیرند. آنها این را به خاطر می‌سپارند، چراکه زنان همیشه حساب و کتاب دارند که آیا آنچه می‌پردازند، همان را دریافت می‌دارند یا نه؟ زنان می‌توانند با یک لبخند و چهره‌ای مهربان در رابطه‌ها به فداکاری ادامه دهند حتی، اگر در رابطه خیلی کمتر از آن را دریافت نمایند. ولی اگر آنچه دریافت می‌کنند بسیار ناچیز باشد، آنگاه اقدام به گله‌گذاری می‌نمایند. آنچه را که زنان متوجه نمی‌شوند این است که مردان به هنگام غر زدن و شکایت کردن اصلاً به روابط خویش فکر نمی‌کنند. زنان در چنین موقعیتی از درخواست کمک خودداری می‌کنند و یک امتیاز مثبت به خود می‌دهند.

درخواست به روش زنانه

زنان برای برخورداری از کمک و حمایت شوهر خویش باید بدانند که چطور آن را عنوان نمایند. چون تا زمانی که از همسر چیزی را طلب نکنند آن را دریافت نخواهند کرد. زنان در این گمان هستند که در روابط زناشویی هرچه بیشتر فداکاری نمایند، همسرشان به این مسئله پی می‌برد و بیشتر قدر آنها را خواهد دانست اما باید بدانید که روش خواستن به طور مستقیم و عنوان کردن درخواست‌ها به مراتب بیشتر از روش غیرمستقیم جواب خواهد داد.

زنان از گفتن خواسته‌های خود می‌پرهیزند و غرولندهای مردان را تهدیدکننده می‌دانند. آنان احساس می‌کنند اگر از حمایت شوهر برخوردار نگردند وضعیت وخیم‌تر شده و احساس آزردگی او بیشتر خواهد شد. غافل از اینکه اگر کمکی را از شوهر طلب کنند و مرد اقدام به غر زدن نماید طولی نخواهد کشید که از این کار دست برخواهد داشت.

در مثالی عنوان شد مردی به درخواست زنش پاسخ مثبت می‌دهد و ظرف زباله را به بیرون می‌گذارد. در هنگام بازگشت با تشکر همسرش روبه‌رو می‌شود. غر زدن را کنار گذاشته و حتی احساسش نسبت به قبل بهتر نیز می‌شود.

زنان چنین شیوه رفتاری را درک نمی‌کنند، چراکه خود در هنگام غر زدن و انجام خواسته‌ای که از آنها طلب شده است احساس رنجش و آزردگی بیشتری دارند. از همین‌رو در موقعیتی که مرد شروع به غر زدن کرده است از

بازگو کردن احساسات خودداری می‌کنند تا موجب رنجش بیشتر همسرش نشوند.

برای رفع این افکار، زن باید بیاموزد که چطور از شوهر خویش درخواست کمک و حمایت بنماید و به شوهر نیز این امکان را بدهد که تقاضای او را رد کند.

امکان و اجازه دادن جواب منفی به شخصی، از مهم‌ترین بخش‌های مهارت درخواست است. اگر اجازه دادن جواب منفی را از طرف سلب کنیم دیگر خواسته ما جنبه طلب ندارد و به یک امر اجباری مبدل شده است و با رد آن اوضاع بدتر خواهد شد.

هنگامی که شوهری در مقابل خواسته همسرش جواب منفی بدهد و همسر آن را سوءتعبیر نکند، شوهر آن را در خاطر نگه می‌دارد و بار دیگر که همسرش تقاضای کمک دارد با عشق و علاقه به انجام آن درخواست همت خواهد گمارد. این عمل سبب می‌شود که شوهر بفهمد با چنین کاری ایرادی بر او وارد نیست و قضاوت نادرستی در مورد او صورت نمی‌گیرد و زن تأمین خواسته‌هایش را به خاطر او به تعویق می‌اندازد و او دیگر در ارائه خدمات به همسرش کوتاهی نخواهد کرد. زن به شوهر فرصت می‌دهد تا به رفع نیازهای او بپردازد و در جهت بهتر شدن روابط گام بردارد.

چیزی که عملاً در روابط زناشویی مشاهده می‌گردد، این است که زنان از این قاعده خبر ندارند و برعکس عمل می‌نمایند و در نهان‌خانه ذهن خود از به تعویق افتادن تأمین نیازها از شوهران خویش می‌رنجند. بعد زمانی که خواسته

خود را عنوان می‌کنند و مرد به آنها غرولند می‌کند، عصبانی و آزرده می‌شوند و ادعا دارند که من این همه فداکاری می‌کنم و او این چنین رفتار می‌نماید. در مرحله بعد، دیگر نحوه درخواست آنها تغییر می‌یابد و به دستور تبدیل می‌گردد. قبول و پذیرش یک دستور برای مردان بسیار دشوار است. آنان می‌توانند بیابند که علت کاهلی مردان در بعضی امور چیست؟ مردان گمان می‌کنند که میزان دریافت و پرداخت امتیازات با همسرشان به یک نسبت است. آنان نمی‌توانند درک کنند که اگر زن به مراتب کمتر دریافت نماید باز هم با رویی خوش به اجرای تعهدات خود خواهد پرداخت. اگر یک مرد احساس کند کمتر از آنچه استحقاق دارد به او خدمت می‌شود، خود ادای تعهدات را متوقف خواهد ساخت تا امتیازها برابر شود.

یک راهکار مناسب برای زنان این است: زمانی که شوهر در موقعیت غر زدن قرار می‌گیرد خواسته خود را یک بار عنوان کنند و بعد سکوت نمایند. این سکوت باعث می‌شود زن به خواسته خود برسد. اجازه دهید همسرتان غر بزند، لباسش را بپوشد و با عصبانیت منزل را ترک کند حتی، شما می‌توانید در افکار خود از او به خاطر عشق و علاقه‌ای که به شما دارد قدردانی نمایید. وقتی که به خانه باز می‌گردد اجازه دهید از شما مراقبت نماید. با تکرار این کار او دیگر داوطلبانه به شما کمک خواهد کرد، چراکه شما از او قدردانی کرده‌اید. این شیوه پذیرش مرد غرغرو، رفته رفته او را بهتر خواهد کرد.

واکنش شماره سه مردان در برابر تنش
مرد سکوت می‌کند

در مورد مرد و زن باید گفت: چنانچه مرد تنش بیش‌تری احساس نماید حتماً سکوت اختیار خواهد کرد. در این حالت او تمام احساسات و عواطف خود را از دست داده و سرد می‌شود.

این واکنشی غیرارادی است که زنان آن را درک نمی‌کنند. چراکه زنان به صورت اختیاری سکوت کرده و دهان می‌بندند. آنان گمان می‌کنند مرد با اختیار کامل چنین حرکتی را انجام داده است. در صورتی که این‌طور نیست. مرد احساسات رنج‌آور خود را در ضمیر خودآگاه درک می‌کند ولی این پدیده‌ای است که زیاد روی آن کنترلی ندارد. مرد در چنین موقعیتی احتیاج به مکانی دنج و خلوت دارد ولی زنان از این کار سوءتعبیر می‌کنند.

در میان سرخ‌پوستان آمریکا این رسم بوده است که وقتی مردی ناراحت می‌شده به درون غاری رفته و از دیگران دوری می‌کرده و کسی در پی او نمی‌رفته است. آنها به این باور رسیده بودند که مرد به هنگام ناراحتی نیاز به تنهایی دارد تا به اعماق خود تأمل کند و مشکلی را که برایش به وجود آمده حل و فصل نموده، راهکاری مناسب برایش پیدا نماید. زنان عقیده داشته‌اند که در غار اژدهایی هست که اگر آنان به داخل بروند آنها را خواهد سوزاند. وقتی مرد خود آمادگی حضور در جمع را داشته باشد از غار بیرون خواهد آمد. زمانی که مرد سکوت اختیار می‌کند نباید هیچ اقدامی برای کمک به او انجام داد. فقط فضای مناسب را در اختیار او قرار دهید و بدانید که او در حال حل و

فصـل مشکل است و بـه قـدری بـه خـانواده خـویش علاقـه دارد کـه احسـاس می‌کند به تنهایی باید به جنگ مشکل برود. او برای یـافتن راه‌حلـی مناسـب، منابع و وسایل لازم را در اختیار دارد. او را به حـال خـویش بگـذاریـد. درسـت مانند سرخ‌پوستان. اگر در این حالت مزاحم او بشوید او به بخش تاریک ذهـن رجوع می‌کند و وضع خطرناک می‌گردد.

چرا مردان سکوت می‌کنند؟

بسیاری از مردان با سکوت خود به مقابله با تنش‌هـای شـدید مـی‌رونـد. آنهـا وضعیت به وجود آمده را تحت بررسی قرار می‌دهند، حتی اگر مردانی باشـند که از بخش زنانه خویش خیلی بهره بگیرند. این‌چنین واکنشـی نشـانگر دقـت عمل و تفکر آنهاست. آنها متمرکز می‌شوند و بعد واکنش‌هـای احساسـی را از خود دور کرده و از این حالت بیرون می‌آیند و به روش استدلالی رفته به حالت عادی باز می‌گردند.

مردان با توجه به طبیعت خویش احتیاج به کناره‌گیری دارند. این امـر سـبب تقویت نیروهای مردانه در آنها می‌گردد. در این مرحله زمان بروز واکنش‌هـای احساسی نیست. آنها تحت فشار و حالت نامتعادلی قرار دارند. بیشـتر مـردان هنگام مواجهه با تنش احساسات خـود را کنتـرل کـرده و هدفمنـد مسـئله را مورد تجزیه و تحلیل قرار می‌دهند.

کناره‌گیری و سکوت مردان واکنشی غیرارادی است، ولی در مورد زنان این کار با هوشیاری صورت می‌گیرد. اگر زنی احساساتش جریحـه‌دار شـده و از کسـی

رنجیده باشد، تصمیم به کناره‌گیری و سکوت می‌گیرد. زنان باید بدانند که مرد با چنین کاری تعادل خویش را در مدت زمان کوتاهی به دست می‌آورد و احساسات منفی را کنترل خواهد کرد.

مرد این توانایی را دارد که در یک لحظه سکوت کرده و خاموش شود، ولی زنان این کار را آرام آرام انجام می‌دهند. این حالت در زنان مانند این است که هر رنجشی برای آنان در حکم یک آجر است که تک‌تک روی هم قرار می‌گیرند و دیواری را می‌سازند. عملکرد زن در این موقعیت کاری است که او را در برابر خرابی این دیوار مصون نگاه دارد.

همان‌طور که مردان در یک لحظه سکوت اختیار می‌کنند، در یک چشم بر هم زدن نیز می‌توانند اقدام به شکست سکوت و صحبت کردن نمایند. زنان از این سرعت عمل مردان حیران می‌مانند و احساس می‌کنند که آنها تظاهر می‌کنند که احساس بهتری دارند. چون خود نمی‌توانند با این سرعت سکوت کنند و بعد دوباره شروع به صحبت نمایند.

وقتی زنی سکوت می‌کند باید کمی با او حرف زد تا دردهایش تسکین یابد اما مردان فقط نیاز به کمی آرامش و فضای ساکت دارند. در هنگامی که مرد اقدام به سکوت کرده است، تلاش زن برای بیرون آوردن او از این حالت باعث می‌شود او به سوی بخش تاریک ذهن خود گام بردارد. هرگونه حرف و سؤالی در این زمان باعث به وجود آمدن درگیری و مجادله می‌شود. اجازه دهید او تا مدتی که نیاز دارد در غار تنهایی خود باقی بماند.

شاید زن نادانسته در زمانی که شوهرش احتیاج به سکوت و غار تنهایی دارد او را بیازارد و عواقب وخیم آن را تجربه کند. چون این کار باعث فعال شدن بخش تاریک ذهن می‌شود. اگر شوهر دوباره سکوت کند، بر ترس و وحشت زن بیشتر افزوده می‌گردد. اگر زن قصد داشته باشد شوهر را زودتر از زمان موعود از غار تنهایی بیرون کشد در پی آن یک اژدها نیز خواهد آمد.

اگر مردان بدانند که زن‌ها به سادگی سکوت نمی‌کنند و قفل بر دهان خویش نمی‌زنند، رفتار آنها را معقول‌تر می‌بینند. زنان در چنین وضعی فکر می‌کنند که مشکل بزرگی روی داده است. مردان باید به همسران خویش این اطمینان را بدهند که وضع بغرنجی وجود ندارد و اگر کمی او را به حال خویش رها کنند همه چیز به حالت عادی بازخواهد گشت و مسئله مهمی وجود ندارد و او تنها احتیاج به اندکی سکوت و خلوت دارد.

هنگامی که مرد کمی آرام و متعادل شد می‌تواند در مورد علت ناراحتی و مشکل پیش آمده صحبت کند. چه بسا وقتی که او از غار تنهایی خویش بیرون می‌آید حرفی برای گفتن نداشته باشد و مسئله برای او حل شده باشد. شاید او بفهمد که همه چیز بر اثر یک سوءتفاهم به وجود آمده بوده و اکنون هیچ دلیلی برای کدورت وجود ندارد. زن نیز باید به او اعتماد کرده و محیط آرامی را به وجود آورد.

زنان و واکنش آنها در برابر تنش

گفتیم که مردان با گوشه‌گیری مسئله را حل و فصل نموده و به تعادل می‌رسند. درحالی که زن نیاز دارد به احساسات خویش رجوع کند تا به خود واقعی خویش برسد. چنانچه زن در این مسیر با مشکلی روبه‌رو شود تعادل خویش را از دست خواهد داد. او به سه صورت از خود واکنش نشان می‌دهد: کلافه شده، کنترل خود را از دست می‌دهد، احساس سرخوردگی و یأس می‌کند.

اگر مردان این واکنش‌ها را بشناسند می‌توانند آن را درست تعبیر کنند و راه مواجهه درست با آن را بیاموزند. اگرچه غیر از این باشد درصدد دفاع از خود بر می‌آیند و سوءتعبیر می‌کنند، آنگاه وضعیت را از آنچه که هست بدتر خواهند کرد.

واکنش شماره ۱ زنان برابر تنش
زن احساساتی و عاطفی برخورد می‌کند

زنان در مقابل تنش بیشتر احساساتی و عاطفی برخورد می‌نمایند. چنانچه زن نتواند این تنش را تحمل نماید، کنترل خود را از دست داده و مرز احساسات خود و دیگران را تشخیص نمی‌دهد. او از درون خود احساس می‌کند که مجبور است به احساسات خود و دیگران پاسخ دهد. از آنجا که باید این کارها را انجام دهد سردرگم و کلافه می‌شود و تا این کارها را به پایان نرساند احساس آرامش نخواهد کرد. او احساس می‌کند از هر سو در فشار است.

وقتی که در حال تأمین نیازهای دیگران است از اینکه در قبال این احساسات چیزی دریافت نمی‌دارد، احساس کلافگی می‌کند. شاید زن برای تأمین خواست‌های دیگران بسیار تلاش کند و از خود فروتنی نشان دهد. او آنقدر به تلاش خود ادامه می‌دهد تا دیگر رمقی برایش باقی نمی‌ماند.

زنی که کلافه شده باشد دیگر نمی‌تواند در نیازها و خواست‌ها اهم و مهمی را پیاده نماید. او در شناخت خواسته‌های مهم‌تر و کم ارزش‌تر به مشکل برخورد خواهد کرد. همه چیز برای او از اهمیت یکسانی برخوردار می‌شوند. کارهایی مانند: پرداخت قبض‌های رسیده، نظافت رختخواب، آب دادن به گیاهان، اطوی لباس‌ها، تلفن به دوستان، آماده شدن برای مهمانی و... همه و همه ارزشی یکسان خواهند داشت.

وقتی زن کلافه شود، مرد چه می‌کند

وقتی که زن کلافه می‌شود شوهر درصدد کناره‌گیری از او بر می‌آید تا پاسخ اشتباهی به احساسات او ندهد. شوهر این احساس کلافگی و درماندگی همسر خویش را به خود نسبت می‌دهد و گمان می‌کند که در حق او تقصیر و کوتاهی نموده است.

مردان در چنین موقعیت‌هایی به همسر خود نمی‌گوید که از ناراحتی او ناراحت هستند؛ قصد کمک به او را دارند؛ او نباید خود را تنها و بی‌یاور احساس کند می‌خواهد زندگی آرام‌تری را برای او به وجود آورد؛ از او دلجویی نماید؛ بگوید که تا چه حد به او علاقه دارد و با هم به صحبت بنشینند.

او این مطالب را به زبان نمی‌آورد، چراکه طریقه بیان این مسائل را نمی‌داند. او از میزان احتیاج همسر به این گفته‌ها غافل است. از آنجا که مردان مهارت گفت‌وگو را به درستی بلد نیستند از ابراز این جملات خودداری کرده و خود را کنار می‌کشند. این امر باعث می‌شود که زن احساس کند همسرش احساسی برعکس این را دارد و نسبت به او بی‌اعتنا شده است. در صورتی که شوهر از ناراحتی همسر خویش ناراحت است ولی طوری رفتار می‌نماید که گویی همه چیز بر وفق مراد است. هرچه مقاومت او در این امر بیشتر گردد، احساس درماندگی زن نیز افزایش می‌یابد.

زن به گاه پریشانی و درماندگی، تمام آنچه را که در دل دارد بیرون می‌ریزد. گویی با بزرگ‌ترین بحران زندگی مواجه شده است. مرد دستپاچگی خود را بیرون نمی‌ریزد و افکار خود را به یک مشکل بزرگ متمرکز می‌کند و چنانچه قصد بیرون ریختن مسائل را داشته باشد به ترتیب اهمیت آنها را عنوان می‌کند. وقتی مرد خود را کنار می‌کشد زن احساس می‌کند او سرد و دل‌زده شده است به این علت او را سرزنش می‌نماید. این هم یکی از مواردی است که بیان می‌دارد چطور برداشت‌های نادرست ما باعث افکاری می‌شود که با توسل به آنها خود را آرام‌تر کنیم. این چنین پنداشت‌هایی می‌تواند از دو نفر که یکدیگر را بسیار دوست دارند، دو انسانی بسازد که از یکدیگر متنفر هستند و دائم در جنگ و جدال با هم به سر می‌برند.

زن دوست دارد هنگام ناراحتی شوهر به حرف‌های او گوش دهد و آزردگی‌های او را درک نماید. او با چنین واکنشی به تعادل می‌رسد.

متأسفانه مردها در این موقعیت اقدام به حل و فصل و تصحیح نمودن مسئله می‌کنند و راه‌حل ارائه می‌دهند، بلکه این راهکارها مفید واقع شود. از آنجا که مرد خود به هنگام ناراحتی با راه‌حلی مناسب احساس بهتری خواهد داشت اقدام به چنین کاری می‌کند. وقتی زن در اثر ناراحتی مشکلاتش را بزرگ‌تر و بیشتر جلوه می‌دهد مرد احساس می‌کند هیچ راهی برای خوشحال کردن همسر وجود ندارد.

با این حال اگر شوهر در صدد کمک و خوشحال کردن او برآید، زن مقاومت می‌نماید. او توقع داشته است که زودتر از اینها شوهر به یاری او بیاید.

برآوردن نیازهای زن به هنگام کلافه شدن

برای کمک به یک زن که کلافه شده است باید نیازهای او را شناسایی کرد. کسی باید در کنار زن باشد تا درد او را درک کند و بدون هیچ احساس ترس و ناراحتی حرف‌هایش را با او بازگو نماید. تا هنگامی که زن به شوهر خود نگوید هیچ تقصیری متوجه او نیست و قدردان زحمات اوست، نمی‌تواند از شوهر توقع کمک داشته باشد اما معمولاً گفته‌های زنان در چنین موقعیت‌هایی بیشتر حالت ملامت و سرزنش دارد.

اگر زنان متوجه شوند که کسی به حرف‌های آنها گوش می‌دهد می‌توانند نیاز خود را اعلام نمایند. تا زمانی که مرد به این مهارت نایل نشده است باید از یکی از زنان خانواده خویش کمک بخواهد تا بتواند زودتر این بحران را پشت‌سر گذارد.

واکنش شماره دو زنان در برابر تنش

زن از کوره در می‌رود. (کنترل خود را از دست می‌دهد.)

هنگامی که کلافه شدن زن به طول بینجامد، زن به واکنش دو روی خواهد آورد. او تمام ناراحتی‌ها را در خود جمع کرده و بالاخره کنترل خود را از دست می‌دهد. او در این مرحله به راحتی مرتکب اشتباه می‌شود.

اگر زنی در طی روز با مسائل مختلفی روبه‌رو شده و روز پرتنشی را پشت‌سر گذاشته باشد، به محض ورود همسرش فراموش می‌کند که مسائل دیگر باعث ناراحتی او شده است و تمام ناراحتی را بر سر همسر خود خالی می‌کند و سنگینی این روز را بر دوش مرد خود می‌نهد.

او با صحبت کردن در مورد مسائل دیگری که او را ناراحت کرده‌اند آرام‌تر می‌شود اما قبل از رسیدن به این آرامش چنین تظاهر می‌کند که قصد سرزنش و تنبیه شوهر را دارد.

او از کوره در می‌رود و کنترل اعصابش را از دست می‌دهد و از الفاظ نادرستی مانند: نادان و بی‌انصاف استفاده می‌کند. او بعد از گفتن این الفاظ کار خود را انکار می‌کند یا می‌گوید که قصد بدی نداشته است. بعد از آرام شدن حتی به این اعمال خویش می‌خندد. زن در این حالت درست مانند مردان تحت تنش عمل می‌کند. اگر مرد عصبی شده و غرغر کند و زن در مقابل او سکوت نماید، مرد خیلی سریع این حالت را از دست خواهد داد.

اگر زنان بیاموزند که از شوهر خویش درخواست کمک کنند و غر زدن‌های آنها را نادیده بگیرند و مردان هم علت ناراحتی همسرشان را جویا شوند و به

حرف‌های ایشان گوش فرا دهند و آنها را اصلاح نکنند، می‌توانند روابط شیرینی را تجربه نمایند.

شاید به نظر برسد که زن، شوهر خویش را مسبب ناراحتی می‌داند ولی در واقع چنین نیست. او در پی این است که عامل اصلی ناراحتی را بیابد و شوهر این را به خود ربط می‌دهد.

مردان از درد دل‌های زنانه سوءتعبیر می‌کنند

وقتی زنان به بیان مشکلات گوناگون خویش می‌پردازند، مردان گمان می‌کنند این مسائل پیش پا افتاده است و راهکاری بسیار ساده دارد. آنان عقیده دارند که نومیدی شخص، دلیل بر بی‌کفایتی بوده و عدم توانایی او را در حل مشکل نشان می‌دهد. این درحالی است که زن هنگام عنوان کردن مشکلات خود به دنبال هیچ راه‌حلی نمی‌گردد. او تنها در پی اظهار تنش‌های خویش است.

یکی دیگر از اشتباهات مردان این است که گمان می‌کنند مشکلات زنان باید حل گردد تا بتوانند احساس شادمانی نمایند. برای آنکه همسر خود را خوشحال کنند سریع اقدام به ارائه راه‌حل می‌نمایند. از نظر مرد عنوان کردن مشکلات یعنی، گله و ایراد و انتقاد به شخص آنها و این را نوعی حمله به حریم خود می‌دانند.

وقتی مردی به مشکلات زن گوش فرا می‌دهد احساس آزردگی و ناتوانی می‌کند، چراکه می‌داند قادر به برطرف کردن آنها نخواهد بود. در حالی که زن تنها می‌خواهد همسرش با صبر و تأمل به حرف‌های او گوش فرا دهد و این

کار موجب خوشحالی او خواهد شد. هرچه تنش زن بیشتر شود، متمرکزتر شده و مشکلات بیشتری را در اطراف خویش در می‌یابد. به همین دلیل است که عموماً زنان نگران هستند. زنان با وجود مشکلات زیاد سعی دارند روی یک مسئله خاص تمرکز کنند. هرچه مسائل خارجی زنان افزایش یابد تنش آنها هم بیشتر می‌شود. مردان نیز چنین هستند اما اگر روی یک مشکل تمرکز کنند، مشکلات دیگر از درجه اهمیت کمتری برخوردار خواهند شد.

اگر مردان روی مسئله‌ای بیش از حد تمرکز یابند و بعد از آن منحرف شوند، خشمگین شده، غرولند می‌کنند، شکایت و گله می‌نمایند و به دفاع از خود و بر پا کردن هیاهو می‌پردازند.

زن در برابر واکنش تنشی مرد دو اشتباه مرتکب می‌شود. اول اینکه استنباط می‌کند شوهر دیگر علاقه‌ای به او ندارد و به نیازهایش پاسخ نمی‌دهد؛ دوم اینکه احساس می‌کند مرد در قبال تأمین نیازهای او مقاومت می‌کند و ارزش‌های او را پوچ تلقی می‌کند.

مرد بعد از مدتی غرولند کردن متوجه می‌شود باید به همسرش کمک نموده و از او حمایت به عمل آورد. زن نیز بعد از فروکش کردن این حالت متوجه می‌شود که نباید شوهر خویش را مورد آزار و اتهام قرار می‌داده است.

چطور زن و مرد می‌توانند با ناراحتی زن کنار بیایند

هنگامی که زن کنترل اعصاب خویش را از دست می‌دهد و به اصطلاح از کوره در می‌رود، شوهر باید به حرف‌هایش گوش دهد و احساس دلسوزی و همدردی با او داشته باشد. اگر مرد در مقام رنجاندن وی برنیاید رفته‌رفته زن

به حال عادی باز می‌گردد. بهترین راه نشان دادن این ابراز همدردی در آغوش گرفتن او است. زن نیاز دارد که لمس شود و آغوش امنی او را در پناه گیرد. با این روش مرد می‌تواند حمایت خود را از همسر ابراز دارد. اگر زن نیز در هنگامی که شوهر تحت تنش قرار دارد به او اجازه دهد که غر بزند، حال مرد به سرعت رو به بهود خواهد گذاشت.

زنان باید همیشه این را در نظر داشته باشند که همسرشان نیاز دارد که به عنوان فرد مهمی قلمداد شود. اگر از او در خواست کمک ننماید، او نمی‌داند که چه کاری باید انجام دهد. عنوان نشدن این درخواست درست مانند این است که استعدادهای او ناشکفته پرپر گردد و نتواند خود را ابراز کند.

زمانی که مرد به همسرش نشان می‌دهد برای او ارزش و شخصیت قایل است و به او محبت می‌کند باید این گفته‌ها را در قالب اعمال خود نشان دهد. شاید لازم باشد هنگام گوش‌دادن به مشکلات او جمله‌ای تحسین‌آمیز بیان کند. زن از این‌گونه جملات که مقام او ارج نهاده می‌شود، استقبال کرده و بسیار خشنود می‌گردد. «درک توأم با احترام» برای زنان از اهمیت ویژه‌ای برخوردار است.

زنان به هنگام ناراحتی نیاز به صحبت کردن دارند تا احساس خود را کشف کنند و بفهمند که چه چیزی آنها را ناراحت کرده است. همان‌طور که مردان نیاز دارند به غار تنهایی خویش بروند و لحظه‌ای خلوت کنند تا راه‌حل مناسبی برای مشکل خویش بیابند.

مردان برای مشکل خود راه‌حل‌های زیادی را تجربه می‌کنند. زنان هم ارتباطات بسیاری را در میان احساسات خود جستجو می‌کنند تا رابطه‌ای مناسب پیدا نمایند. هنگامی که به چنین رابطه‌ای دست یافتند، می‌توانند مسئولیت کارهای خویش را برعهده گیرند. در این مرحله آنان دیگر هیچ‌کس را مقصر نمی‌دانند و احساسات منفی جای خود را به احساسات مثبت خواهد داد.

در همان حال که زن برای پیدا کردن احساسات مناسب خود اقدام به حرف زدن می‌نماید، مرد نباید برای حل مشکل او راهکاری پیشنهاد دهد، چون این امر باعث از دست رفتن تعادل زن می‌گردد.

چطور مردان گمراه می‌شوند؟

چیزی که سبب گمراهی مرد می‌شود این است که وقتی زنی کنترل خود را از دست داده و شروع به صحبت می‌کند، در حال مطرح کردن مشکلات خویش است؛ مثلاً: «فکر می‌کنی چرا رئیس چنین کاری کرد؟»، «اگر آن اتفاق بیفتد من چه کار باید بکنم؟»

وقتی که مرد با چنین سؤالاتی روبه‌رو می‌شود درصدد توضیح و ارائه راهکار بر می‌آید، غافل از اینکه زن تنها به سکوت و گوش کردن او نیازمند است. مردان عقیده دارند اگر قرار باشد مشکلات همسرم را رفع نکنم، پس چه باید کنم؟ مردان نمی‌توانند تنها گوش دهند و هیچ راه‌حلی بیان نکنند، به خصوص

اینکه سؤالی هم مطرح شده باشد. مرد برای اینکه بتواند توانایی گوش دادن خود را بالاتر برد و کاری انجام ندهد، باید یکی از کارهای زیر را انجام دهد.

۱- او باید حواس خود را متمرکز نماید.

۲- از ارائه مطلبی که به عنوان راه‌حل بیان می‌شود خودداری نماید.

۳- سرش را تکان دهد.

۴- با کلماتی مانند: «خوب، آه، آهان، بیشتر برایم تعریف کن.» گفته‌های همسر را تصدیق نماید.

۵- از کلمه «می‌فهمم» استفاده کند. البته نه خیلی زیاد که همسر تصور کند قصد به رخ کشیدن فضل و کمالات خویش را دارد.

۶- از پاسخ دادن خودداری نماید. باید چنین فرض نماید که زن سؤالات بدیهی را عنوان می‌کند که نیازی به پاسخ ندارد. ولی اگر زن خود اصرار به پاسخ شنیدن داشت با جملاتی مانند: «مطمئن نیستم»، «شاید این‌طور بهتر باشد که...» جواب دهد. باید طوری رفتار کند که بیشتر حالت گوش دادن داشته باشد، نه پیشنهاد ارائه دهد و نه تصحیح کند.

مردها همیشه فکر می‌کنند وقتی به زنی راه‌حلی ارائه دهند و به او کمک کنند باید احساس بهتری نماید و حالش بهتر شود اما هنگامی که با چنین امری روبه‌رو نمی‌شوند، شروع به غر زدن نموده و زن را به خاطر ناراحتی سرزنش می‌کنند. وقتی که زن از کلمه «اما» استفاده می‌کند گمان مرد این است که راه‌حل پیشنهادی او مورد پذیرش قرار نگرفته است.

اگر حقیقت مطلب را جویا باشیم، باید بگوییم که زن اصلاً طرح و راهکار پیشنهادی مرد را رد نمی‌کند بلکه او هنوز نیاز به حرف زدن و گوش دادن طرف مقابل دارد. او هنوز به طور کامل تخلیه نشده است و همچنان خواهان حمایت همسر خویش است.

مرد از دریافت چنین پیامی غفلت می‌کند و فکر می‌کند که گویی تمام موضوع را می‌داند.

هنگامی که زن توافق نمی‌کند مرد دل‌زده می‌شود. آنچه که مرد را واقعاً ناراحت می‌کند این است که اگر در مورد موضوعی کاملاً حق داشته باشد و آن را بیان کند، باز هم کمکی به اصل موضوع نخواهد کرد. در واقع زنان در چنین حالتی تعادل ندارند و مدتی زمان لازم است تا به حال عادی خویش بازگردند. آنچه مرد می‌تواند برای آرام ساختن همسر خویش انجام دهد تنها این است که مثل یک تخته صدا عمل نماید. (تخته صدا، ورق نازک چوبی است که در آلت موسیقی تعبیه می‌شود و پژواک صدا را بیشتر می‌سازد.) وقتی زنی عصبی شده و از حالت تعادل خارج است گوش دادن به حرف‌های او می‌تواند شخصیت دوست‌داشتنی و شیرین او را زنده نماید.

اگرچه گوش دادن و ارائه نکردن راه‌حل و پیشنهاد برای مردان کاری بس دشوار است اما این کار می‌تواند از تنش زنان بکاهد و آنان را بر آن دارد که از مخاطب خویش قدردانی نمایند. چنان چه زنی که از کوره در رفته و تعادل اعصاب خود را از دست داده است، تحت توجهات همسر واقع نگردد، وارد سومین مرحله واکنش خواهد شد. یعنی، درماندگی.

واکنش شماره ۳ زنان در برابر تنش

درماندگی

به احتمال بسیار قوی، زنی که از کوره در رفته و تعـادل اعصـاب خـویش را از دست داده است، به احساس درماندگی روی خواهد آورد. در این مرحله کمک کردن، کاری از پیش نخواهد برد. مردان در مواجهه بـا چنـین زنـی احسـاس می‌کنند دیگر قادر به انجام کاری نیستند که خوشایند همسرشان باشد.

از نشانه‌های بارز این واکنش احساس خستگی و ضـعف مفـرط اسـت. قبـل از رسیدن به این مرحله چنین به نظر می‌رسد که زن می‌تواند همـه چیـز را بـه نوعی جمع و جور کند، ولی با رسیدن به این واکنش همه چیـز تغییـر چهـره می‌دهد، ظاهرش کاملاً فرسوده و رنجور شده و غرغرو می‌شود.

مردان به هنگام روبه‌رو شدن با چنین زنی هـراس بـه دل‌شـان راه مـی‌یابـد و اندیشند که در مورد آنها کوتاهی کرده‌اند. آنان نمی‌دانند این درماندگی در اثر از دست دادن تعادل به وجود آمده است و گریزی از آن نیست. هیچ تقصـیری متوجه مرد نیست و شاید در طی زندگی همسرش بارها تعادل اعصاب خود را از دست بدهد و این مسئله ارتباطی به تأمین نیازهای وی نداشته باشد.

همان‌گونه که مردان در واکنش‌های خود اقدام به سکوت و قفل زدن به دهان –البته به موارد غیر ارادی- می‌کنند،زنان هم خسته و درمانده می‌شوند. زنان سکوت مردان را سوء تعبیرمی‌کنند و مردان نیز دچار همین اشتباه می‌شـوند.

طولی نخواهد کشید که مرد قفل از دهان برمی‌گیرد و زن احساس خستگی و واماندگی خود را کنار می‌گذارد.

شاید بتوان گفت مردان در ساختار بدنی خویش دستگاه هشداردهنده‌ای دارند که به هنگام استرس و تنش بیش از حد به آنها گوشزد می‌کنند که بیشتر مراقب خویش باشند، ولی عملاً در زنان چنین چیزی وجود ندارد. هرچه تنش بیش‌تری به زنان وارد شود آنها بیشتر خویش را فراموش می‌کنند. برای آنکه به آنها کمک شود باید این اطمینان در آنها بالا برود که تحت حمایت هستند و کسی هست که به حرف آنها گوش دهد. این کار باعث آرامش خواهد شد.

یک مرد که احساس مسئولیت می‌کند و قصد کمک به بهبودی همسرش را دارد، به هنگام روبه‌رو شدن با وضع درمانده همسر، دچار ترس می‌شود و گمان می‌کند دیگر همسرش توان رسیدگی به زندگی و اجرای مسئولیت‌های خویش را ندارد، ولی در واقع چنین نیست.

مرد می‌تواند برای مدتی چند مسئولیت زن را خود به دوش کشد و بعد دوباره آنها را به همسرش بازگرداند. شاید زن به حدی خسته و وامانده باشد که احساس کند تمام انرژی‌هایش از دست رفته اند اما وقتی بفهمد نیرویی پشتیبان و حامی اوست رفته‌رفته انرژی خود را بازخواهد یافت.

دردی که بس گران است

هنگامی که زنان بیش از حد توانایی خود درگیر تنش و استرس می‌شوند، دیری نمی‌پاید که تمام قوای خود را از دست می‌دهند. این حرکت زنان مصداق ضرب‌المثل «کاهی که کمر شتر را می‌شکند.» است. اگر مرد به حرف‌ها و دردهای زن گوش دهد و پیشنهاداتی که بتوانند کاهی از کوه مشکلات زن را از دوش او بردارد و سبک‌تر سازد ارائه دهد، کمک بسیار مهمی به او کرده است. شاید زنان در همان لحظه احساس خوشایندی نکنند ولی به هر حال اعصاب خود را کنترل کرده و از مرد قدردانی می‌نمایند.

وقتی که زن‌ها در ارائه خدمات و کارهای خود خسته می‌شوند، مردان نیز نسبت به کمک کردن دلزده می‌گردند. چراکه آنها گمان می‌کنند باید وظایف را تعریف کرده و سپس مشکل‌ترین آنان را به عهده خویش بگیرند. در حالی که حقیقت موضوع غیر از این است. روشن کردن وظایف و مسئولیت‌ها، انجام آنها را آسان‌تر می‌نماید.

زن تنها به کمک کوچکی نیازمند است. درست به مانند برداشتن چند پر کوچک کاه تا بتواند نیروی خویش را دوباره به دست آورد و همه چیز را از سر شروع کند.

چنین حمایتی همیشه مد نظر زنان بوده و از آن استقبال خواهند کرد. چون زمانی که زن بیش از حد توان خویش از خود کار کشیده باشد، حتی برداشتن چند کاه هم برای او کمک بزرگی است. او نباید از کارهای خویش هیچ رنجشی به دل داشته باشد.

اگر مرد بداند که لزومی نیست که تمام وظایف را یک تنه گردن گیرد و به انجام آنها همت گمارد، می‌تواند راحت‌تر برای کمک کردن گام پیش نهد. هنگامی که مردان با زنی که توان خود را از دست داده است روبه‌رو می‌شوند، شروع به نصیحت و اندرز نموده و جملاتی مانند این را به کار می‌برند:

«بیش از حد ظرفیت از خودت کار می‌کشی.»

«آرامش خود را حفظ کن، نباید تا این حد نگران باشی.»

«این حرف‌ها خیلی بی‌اهمیت هستند.»

«اگر به موقع کارها را انجام ندهی، هیچ اتفاقی نخواهد افتاد.»

«تو در مورد این امر هیچ مسئولیتی نداری.»

«خوب، این کار را انجام نده.»

«همه چیز را خیلی سخت می‌گیری.»

«خودت را این‌قدر در مضیقه قرار نده.»

با گفتن این جملات، نه تنها وضع بهتر نمی‌شود، بلکه زن از دست مرد رنجشی نیز به دل می‌گیرد.

چنانچه زن اشتباهی مرتکب شده باشد و همسرش به او بگوید: «من که قبلاً گفته بودم.» یا «وقتی درست فکر نکنی نتیجه همین می‌شود.» این حرف‌ها باعث ناراحتی بیشتر زن می‌شود.

مردان اصولاً برای گوش دادن به حرف‌های زنی که مرتکب اشتباه شده و خود افسرده و خسته است حوصله کافی ندارند و گمان می‌کنند باید تمام مشکلات زن را یک‌جا حل نمایند.

اگر مردی تحت تنش زیادی قرار گیرد سکوت اختیار خواهد کرد. برای یک زن بسیار مهم و حیاتی است که از چند ناحیه مورد حمایت قرار گیرد. تمام نیازهای زن تنها از جانب مرد تأمین می‌گردد. وقتی که مرد خود نیز تحت تنش قرار دارد میزان این حمایت به مراتب کمتر خواهد بود.

به طور کلی انسان‌ها به سوی یکدیگر جذب می‌شوند، چراکه دردهای مشترک زیادی دارند. درست همانند زنان که واکنش‌های خاصی دارند، مردان نیز به سوی واکنش‌های خاص خود جذب می‌شوند.

هنگامی که مرد در اثر واکنش خود سکوت اختیار می‌کند، زن افسرده می‌شود. زمانی که زن دلگیر و عصبی است، مرد کناره‌گیری کرده و انزواطلب می‌گردد.

زنان تصور می‌کنند، هیچ‌کس آنها را دوست ندارد

وقتی با زنان صحبت می‌کنیم متوجه می‌شویم بسیاری از آنها عقیده دارند همسرشان مهر و علاقه کافی به آنها ندارد. این در حالی است که همسران اصلاً از چنین موضوعی اطلاع ندارند که بخواهند حتی گامی در صدد بهبود وضعیت و بهتر کردن روابط بردارند. مردان از خود سؤال می‌کنند که چطور همسر من احساس می‌کند او را دوست ندارم. من که تمام کارها و خدماتی را که او نیاز دارد، برآورده می‌سازم. بیشتر کار می‌کنم تا حقوق بیشتری به دست بیاورم؛ زحمت زیادی برای رسیدن به این درجه کشیده‌ام و نیازهای

آنها را همیشه پاسخ گفته‌ام. پس چرا باز هم فکر می‌کند من او را دوست ندارم؟!

وقتی که زن احساس می‌کند همسر نسبت به او بی‌علاقه شده است ابتدا سعی می‌کند کارهایی انجام دهد که شایسته دوست داشتن گردد. او از احساسات و آرزوهایش سخنی به میان نمی‌آورد و با رسیدگی بیشتر به همسر خویش سعی می‌کند، عشق او را به دست بیاورد. در این هنگام او به سرکوبی احساسات منفی اقدام می‌نماید.

اگر زنی به شوهرش بیشتر محبت و علاقه نشان دهد هیچ ایرادی ندارد، مشکل اینجاست که زن از دریافت و بهره مهر و محبت به دور می‌ماند. او هرچه بیشتر محبت نماید، کمتر دریافت خواهد کرد. زن احساس می‌کند که قوی و با اعتماد به نفس است اما وقتی در مقابل خوبی‌هایش جوابی از سوی همسر دریافت نمی‌دارد، عشق و علاقه‌اش نسبت به او کاهش می‌یابد. در چنین حالتی که توازنی در دریافت و ارائه عشق و محبت وجود ندارد رفته‌رفته بخش زنانه خشن می‌شود و خصوصیات زنانه‌ای که باعث جذب مرد به سوی او شده است، از بین می‌رود. او به تدریج احساساتی مانند: عشق، شادی، مهربانی و اعتماد را کنار می‌گذارد و از آنجا که مرد بر هدف خود متمرکز شده است، چه بسا هیچ متوجه این تغییرات در همسر خویش نگردد.

علائم هشدار دهنده بروز مشکل در رابطه زناشویی برای زنان

اقداماتی که می‌توان انجام داد:

وقتی در یک رابطه زناشویی مشکلی بروز می‌کند، این علائم هشداردهنده به چشم می‌خورند. توجه به این علائم می‌تواند راهکار خوبی را برای شما به ارمغان آورد.

۱- شوهر همیشه در انجام کارهایی که مربوط به شماست اهمال می‌کند.

۲- درخواست کمک از شوهر برای‌تان سخت است.

۳- شوهرتان نیازها و خواست‌های شما را برآورده می‌سازد، ولی احساس می‌کنید کافی نیست.

۴- اگر ناراحت باشید این احساس را پنهان می‌کنید و با بروز آن حس امنیت را از دست می‌دهید.

۵- موضوعات بسیار کوچک شما را ناراحت می‌سازد و از موضوعات مهم می‌گذرید.

۶- شوهر شما دیگر هیچ ارزش و جذابیتی برای‌تان ندارد.

۷- از اینکه بیش از حد به شوهر خود بها داده‌اید، احساس آزردگی دارید.

۸- فکر می‌کنید با تغییر رویه شوهر احساس خوشبختی بیشتری خواهید داشت.

۹- در زمان ناراحتی، احساس گناه و حقارت دارید.

شاید بیشتر زنان چنین احساساتی را تجربه کرده باشند —که البته احساساتی طبیعی هستند- خصوصاً اگر تفاوت‌های موجود بین زن و مرد را نشناسند.

در زیر نمونه‌هایی را بیان داشته‌ایم که زنان با دیدن هر یک از این علائم آنها را به کار برند تا به وضعیت مطلوب‌تری نایل شوند.

۱- بپذیرید که مردان با شما تفاوت دارند و درخواست خود را تکرار نمایید.

۲- در زمان ناراحتی مشکل خود را با شوهرتان در میان بگذارید و از احساسات مثبت و محبت و قدردانی دریغ ننمایید.

۳- به هنگام صحبت به او یادآوری کنید که هیچ قصد محکوم کردن او را ندارید و از اینکه به حرف‌های شما گوش می‌دهد، تشکر کنید.

۴- وقتی که آزرده‌خاطر هستید، با هم جنس خود (زنان) صحبت کنید و از فن نگارش احساس استفاده کنید و احساساتی مانند: گذشت و بخشش را به کار گیرید.

۵- درخواست خود را تکرار نمایید تا به خواسته شما پاسخ مثبت داده شود. مردان همیشه درخواست‌ها را اجابت نمی‌کنند. به آنها اجازه دهید به شیوه خویش شما را یاری دهند.

۶- تمام کارها و محبت‌هایی که به شما کرده است را قدر بدانید و گمان نکنید که او وظیفه‌ای برای انجام آنها دارد.

۷- ابتدا مراقب خویش باشید و از او نیز مواظبت نمایید. چنانچه خسته و دلزده هستید این امر را با سرویس دادن بیش از حد به او جبران نکنید. اجازه دهید او متوجه ناراحتی شما بشود و درصدد کمک و یاری برآید.

۸- اگر او برای بهبود بخشیدن وضع موجود پیشنهادی می‌کند، مثلاً می‌گوید: «به یک رستوران برویم» یا «به یک مسافرت کوتاه برویم» هرگز در صدد اصلاح او برنیایید و از پیشنهادش استقبال کنید.

۹- در گروه‌های تشکیل شده زنان شرکت کنید و مشکلات را بررسی کنید. پکیج زنان باهوش را حتما تهیه کنید و از آموزه‌های آن که بهترین تکنیک‌های ارتباطی و کاربردی‌ترین راهکارها را برای شما دارد را ببینید و این کتاب را بخوانید و به دیگران نیز توصیه کنید و از تجارب آن بهره گیرید.

۱۰- با افرادی که روابط زناشویی موفقی دارند ارتباط برقرار نمایید و تجربه کسب کنید. اگر چنین افرادی را سراغ ندارید از یک مشاور مدد گیرید.

۱۱- بخش‌های مختلف این کتاب را با همسر خود بخوانید و نظرات او را جویا شده و پذیرا شوید. از احساسات خود برایش بگویید تا شما را یاری دهد.

یکی از مشکلات اصلی مردان این است که باور ندارند رفته‌رفته توجه و علاقه آنها به خانواده کمتر می‌شود. آنها بیشتر به کار و مشغولیات خویش علاقه نشان می‌دهند تا روابط خانوادگی.

در زیر به علائمی اشاره می‌شود که مردان می‌توانندبا توجه به آنها دریابند که مشکلی در روابط زناشویی آنها رخ داده است یا نه.

این علائم که مردان باید به آن توجه کنند عبارتند از:

۱- به قدری روی فعالیت کاری خود متمرکز شده‌اید که دائم فراموش می‌کنید خریدهایی را که همسرتان به شما سفارش داده است انجام دهید.

۲- منزل شما احتیاج به تعمیرات و کارهای جزئی دارد که قرار است شما انجام دهید. تمرکز بیش از حد شما مانع از انجام آن می‌شود.

۳- شما از احساسات همسر خود اطلاعی ندارید ولی با این وجود به او گوشزد می‌نمایید که چه احساسی داشته باشد.

۴- از ناراحتی همسرتان در امور جزئی متعجب می‌شوید.

۵- توجه کافی و درستی به حرف‌های همسر و فرزندان ندارید. به هنگام صحبت آنها در مسائل خود غرق شده یا محو تماشای تلویزیون می‌شوید.

۶- هرگاه همسر قصد حرف زدن با شما را دارد وقت کافی در اختیار او قرار نمی‌دهید یا روی خود را از او برمیگردانید.

۷- علاقه و تمایل شدیدی برای ارتباط جنسی ندارید.

شاید بتوان گفت که هیچ مردی نیست که چنین احساساتی را در زندگی خود تجربه نکرده باشد. این احساسات نشانه ذهن متمرکز و آگاهی مرد است که چندان بد هم نیست.

همان‌طور که می‌دانید هر کاری نیاز به دقت و تمرکز دارد، ولی علائم بالا نشانه آن است که تمرکز بیش از حد اعمال شده است. تمرکزی که باعث فراموش کردن همسر شده است. این تمرکز اگر با دید باز عجین نگردد، آثار منفی بسیاری به بار خواهد آورد.

مردان با شناخت این تفاوت خویش قادر خواهند بود که روی کارها بیش از حد تمرکز نکنند و در چنین مواقعی به دید باز و گسترده همسر خویش احترام گذاشته و گوش فرادهند.

بسیاری از مردان زمانی که روی مسئله‌ای تمرکز کرده‌اند، حتی از شنیدن حرف‌های همسر نیز اجتناب می‌کنند و وقت خود را به این کار اختصاص نمی‌دهند. چنین حالتی را می‌توان با یادداشت کردن احساسات و بیان آنها در زمان مقتضی تعدیل نمود.

دوستی برنامه‌ریزی شده

زمانی که زن احساسات خویش را یادداشت می‌کند و فرصتی پیدا می‌شود و زن و مرد در کنار یکدیگر به خواندن این احساسات می‌پردازند، «دوستی برنامه‌ریزی شده» صورت گرفته است.

هدف در این روش این است که مرد بتواند احساسات همسر خویش را دریابد و به تأمین آن پاسخ گوید.

بهترین راه اجرای چنین شیوه‌ای این است که مرد بتواند احساسات همسرش را با صدای بلند از روی نوشته بخواند. البته این راهکار زمانی بیش‌ترین تأثیر را خواهد داشت که زن نیز بیاموزد تمام احساسات منفی خود را بدون احساس رنجشی درج نماید.

در این نوع نگارش زن تنها به بیان احساسات خود نمی‌پردازد، بلکه آن جوابی را که دوست دارد از همسر دریافت نماید نیز اضافه می‌کند. چنین کاری باعث می‌شود که زن احساسات خویش را بهتر بیان کند و شوهر نیز در جریان آنها قرار گیرد و به شیوه‌ای دوستانه و ملایمت‌آمیز درصدد رفع نیازها و شناخت احساسات همسرش باشد.

برقراری ارتباط زناشویی یک هنر است

به طور کلی مردان چنین تصور می‌کنند که هرگاه زنی در روابط زناشویی خود احساس رضایت و خوشبختی داشت، این احساس تا همیشه دنیا با او خواهد بود. اگر او به همسرش ثابت کند که او را دوست دارد زن هرگز فراموش نخواهد کرد و نیازی به دوباره عنوان کردن و مطمئن ساختن او نیست. البته این پنداشت از دیدگاه یک مرد قابل قبول است، ولی پذیرش این امر از سوی زنان بسیار دشوار است. چنین امری با ذات آنها مغایرت دارد. یک زن تمایل دارد که از سوی شوهر دائم به او اطمینان داده شود که فردی استثنائی، بی‌نظیر، باارزش و دوست‌داشتنی است. مردان هم به چنین تشویق و تضمین‌هایی نیاز دارند. ولی آنها این تضمین را در زمینه شغلی خویش دریافت می‌کنند. زنان به این تشویق و اطمینان بیشتر نیاز دارند. هنگامی که یک مرد در زمینه شغلی خویش با شکست و ناامیدی روبه‌رو می‌شود، احساس نالایقی و بی‌کفایتی بر او مستولی می‌شود. یک زن نیز به همین صورت است. وقتی توسط شوهرش مورد بی‌مهری قرار می‌گیرد به لیاقت و شایستگی خویش شک می‌کند. او نیازمند پیام‌های شفافی است که بداند همسرش هنوز او را دوست دارد. مردها نیز نیازمند این تضمین هستند، ولی وقتی که در یک ارتباط زناشویی قرار می‌گیرند، میلی به آگاهی از نیازها ندارند. آنان بر این باورند که شایستگی کامل را برای برقراری ارتباطی سالم دارند و خوشحالی همسر این قوت قلب را به آنها می‌بخشد، در حالی که زنان دوست دارند به طور مستقیم مورد توجه شوهر قرار گیرند تا احساس اطمینان نمایند.

یک مرد در رابطه خویش هیچ تمایلی به نگران شدن و از دست دادن آن رابطه ندارد و نمی‌اندیشد روزی ممکن است از سوی همسرش رفع شود، مگر آنکه واقعاً بی‌مهری را در رفتار همسر مشاهد نماید. او نیازی به احساسات و امنیت ندارد، چراکه موفقیت‌های او در کار و جامعه این تضمین را برایش به ارمغان خواهد آورد.

مردان چنین می‌اندیشند: «اگرچه من بسیار درگیر هستم، ولی همسرم باید درک کند که همیشه او را دوست دارم. او دلیلی برای عدم پذیرش این حرف ندارد.»

این پنداشت برای زنان بسیار عجیب و نامأنوس است. آنها وقتی که با مرد شکست خورده‌ای روبه‌رو می‌شوند، خواهند گفت: «دوباره اوضاع رو به راه خواهد شد و همه چیز مثل گذشته می‌شود.»

وقتی که مردی دچار شکست می‌شود شایستگی خویش را زیر سؤال می‌برد اما زمانی که دوباره اوضاع رو به راه شود این حس شایستگی و قدرت در آنها فزونی خواهد یافت. این فراز و نشیب‌های مردان مانند فرآیند ماهیچه‌سازی در بدن است. زمانی که عضوی ضربه می‌بیند، ماهیچه‌های آن دوباره قوی‌تر از قبل رشد می‌کنند. وقتی که یک مرد در حالت کناره‌گیری و انزواست همسرش را نادیده می‌گیرد. این حالت برای زن بسیار دردناک است و شایستگی او تحت‌الشعاع قرار می‌گیرد. او نیاز دارد که عشق و علاقه را مجدداً از سوی همسر دریافت نماید. این تضمین برای یک زن بسیار مهم و ضروری است.

اگر زن بخواهد با مقاومت و محکم کردن همسر خویش به چنین تضمینی دست یابد، مسلم است که شوهر در برابر او مقاومت کرده و موجبات ناراحتی وی را فراهم می‌آورد. در بخش دیالوگ‌های جذاب زنانه در پکیج زنان باهوش، مهارت نگارش و بیان احساسات عاشقانه ارائه شده است. این شیوه به شما می‌آموزد که چطور بدون رنجش و ملامت همسر، حمایت او را به دست آورید.

اطمینان کلامی

زنان تمایل شدیدی به دلگرمی و اطمینان از سوی شوهر خویش دارند. آنها دوست دارند که همسر عشق خود را با کلماتی ابراز کند و به آنها بگوید که دوستشان دارد.

بیشتر مردان از بیان این جمله خودداری می‌کنند و دوست دارند جملات جدیدترین بگویند، چراکه گمان می‌کنند همسر در اثر شنیدن مکرر این جملات از آن دلزده می‌شود. شنیدن جمله دوستت دارم از سوی مردان، نه تنها خسته‌کننده نیست، بلکه حس دوست داشتن را در دل زنده می‌کند. شاید مردی همسرش را خیلی دوست داشته باشد، ولی از آنجا که آن را عنوان نمی‌کند زن این حس را تجربه نخواهد کرد. شاید مردان بتوانند جمله: «دوستت دارم» را با «از تو متشکرم» عوض کنند تا حس خستگی همسر نیز برطرف شود. البته اگر چنین حسی وجود داشته باشد.

به راستی اگر شما برای کسی کاری انجام دهید و او از شما تشکر نکند ناراحت نمی‌شوید؟

یکی دیگر از جملات مسحورکننده که مردان می‌توانند از آن استفاده نمایند و زنان حس شایستگی و لیاقت نمایند جمله: «درک می‌کنم» است. اگر زنی بداند که همسرش او را درک می‌کند و به حرف‌هایش گوش می‌دهد این احساس در او قوت می‌گیرد که همسرم مرا به شدت حمایت می‌کند.

نشانه‌های عشق

زنان به علائمی که نشانگر عشق و علاقه مرد است نیاز دارند. هنگامی که یک مرد به همسرش گل هدیه می‌دهد، در حقیقت زیبایی و زن بودن او را ستوده است. زنان تمایل دارند که گه‌گاه به آنها گل هدیه داده شود. گل یکی از نشانه‌های عشق است که موجب تحکیم عشق زن و مرد می‌شود.

اگر مردی احساس کند همسرش از گل‌های مکرری که به او ارزانی می‌کند، خسته شده است مشکل را باید در جای دیگری جست. این نهایت بدشانسی است که مردی با چنین حالتی روبه‌رو شود.

تقدیم هدایای بزرگ یا کوچک نقش مهمی در روابط زن و مرد ایفا می‌کند. این هدایا احساس خاصی را به زن القا می‌نماید و دلگرمی و تضمین به او هدیه می‌دهد.

بیان جملات عاشقانه و گویای مهر و محبت نیز از نشانه‌های بارز عشق هستند. تمام این عبارات در زن حس زیبای دوست داشتن را تقویت می‌کند. نیازی به خلق جملات جدید نیست. همین کلمات گویای مهر و احساسات شما نسبت به همسرتان است. این عبارات او را شیفته و دلگرم به زندگی

می‌کند. برخی از این جملات عبارتند از: «دوستت دارم». «دلـم بـرایـت تنـگ شده است»، «تو امید زندگی من هستی»، «بـرایـم بـی‌نهایـت عزیـز و بـاارزش هستی»

گاه می‌توانید با یک کارت که نقش یا شعری مناسب روی آن نگاشته شـده است همسر خود را دل شاد نمایید. اگر این کارت را به همراه چند شاخه گـل به او بدهید تأثیر بیشتری خواهد داشت. کارت را طـوری میـان گـل‌هـا قـرار دهید که در نظر اول مشخص نباشد. حتی می‌توانید از محل کـار خـود بـه او زنگ بزنید و بگویید: دوستت دارم.

خیلی از مردان در سال اول ازدواج این کارهای شیرین و لذت‌بخش را انجام می‌دهند ولی بعد به طور کلی فراموش می‌کنند و گاه به بهانه سن و سال این کارها را به جوان‌ها ارجاع می‌دهند.

چه موقع نشانه‌های عشق از بین می‌رود

گاه در رابطه زناشویی، زن احساس می‌کند که همسـرش او را دوسـت نـدارد. چراکه تمام توجهات و کارهایی را که در ابتدای زندگی داشـته اسـت اکنـون دیگر انجام نمی‌دهد. وقتی مرد چنین حرکاتی را ترک می‌کند زن دلیـل قـانع کننده‌ای برای آن نمی‌یابد، گمان می‌کند که او را دوست ندارد و از زندگی بـا وی احساس خوشبختی نمی‌کند.

یکی از نشانه‌های مهم عشق «کیفیت توجه مرد» به زن است.

وقتی که مرد تماس خود را با دنیای احساسات همسرش قطع می‌کند، موضوعات مهم را از یاد می‌برد، این کار او باعث می‌شود که همسرش نیز به چنین کاری رو آورد. مرد تمایل دارد که بداند نیازهای همسرش کدامند ولی در این حال دیگر همسر به ابراز نیازها نمی‌پردازد، بلکه برعکس درصدد رنجاندن شوهر برخواهد آمد. چه بسا زن خود نیز نداند که چه نیازی دارد ولی با کتمان این امر شوهر را آزار می‌دهد.

وقتی مرد درصدد برآورده کردن نیاز همسرش برآید، نشانه این است که قصد دارد به حرف‌های همسرش گوش دهد و این برای زن مسئله مهمی است و احساس امنیت را در او زنده می‌کند.

همان‌طور که ملاحظه کردید، در این مثال زن با بیان احساسات خود توانست حس قدرشناسی و شناخت و پذیرش را در همسر خویش زنده کند.

منطق اظهار عشق و علاقه

در این تجربه عنوان شد که چنانچه من یک مرد با حالاتی تهاجمی بودم این‌طور قضاوت می‌کردم که همسر من زنی متوقع و غیرمنطقی است. وقتی احساسی به قضیه نگاه کردم، متوجه شدم که این عمل او معنای خاصی داشته است. وقتی که من خود به خانه می‌آیم از اینکه او و بچه‌ها به استقبال من می‌آیند خرسند می‌شوم چرا این احساس را همسرم نباید داشته باشد؟!

زنان همیشه دوست دارند که در میان جمع توجه خاصی به آنها شود. آنان خود نمی‌دانند که تا چه حد برای مردان استثنائی و بی‌نظیر هستند. باید این

را به آنها ثابت کرد. از آنجا که زن دیدی باز دارد می‌تواند تشخیص دهد که یک دوربین فیلمبرداری با اهمیت‌تر از او جلوه کرده است. یک مرد چون خود می‌داند که همسرش را دوست دارد احساس می‌کند که همسر نیز از این امر کاملاً مطلع است اما این امری است که باید به زن گفته شود، آن هم به طور مکرر.

وقتی که به این تفاوت وقوف پیدا کردم دریافتم که باید از همسرم دلجویی نمایم. او به آرامش نیاز دارد. اکنون وقتی که به خانه می‌روم ابتدا به سراغ او رفته و احوالش را می‌پرسم و از رویدادهای روز او سؤالاتی می‌کنم. وقتی که من سمینار دارم و او در آن شرکت می‌کند در خاتمه ابتدا به نزد او می‌روم، حتی اگر دیگران منتظر صحبت کردن با من باشند. شاید این رفتار چندان عاشقانه نباشد و کمی ظاهرسازی در آن نهفته به چشم بخورد، ولی سبب می‌گردد که زن خود را دارای ارزش و اهمیت بداند. زنان از این شیوه خیلی شادمان می‌شوند. آنها از هر روشی که مرد برای نشان دادن عشق خود از آن استفاده می‌کند، استقبال می‌نمایند.

حمایت احساسی و عاطفی

افرادی که در دوران کودکی خود از احساسات عاطفی برخوردار شده و نیازهای احساسی آنها تأمین شده است، می‌توانند در سنین بزرگسالی – درزمان ازدواج- به همسرخود این احساسات و عواطف را ابراز نمایند. اگر افراد نیازهای احساسی طرف مقابل خود را بدانند به راحتی می‌توانند در صدد ارائه

آنها برآمده و روابط خویش را بهبود بخشند. چنانچه این نیازها ناشناخته بماند و گامی برای تأمین آنها برداشته نشود، مشکلات حادی در روابط زناشویی رخ خواهد داد. اگر آنها در کودکی شاهد رفتار نادرست پدر و مادر خود باشند چطور در بزرگسالی می‌توانند احساسات خوبی نسبت به همسر خود بروز دهند. اگر شخص در دوران کودکی خویش مورد بی‌احترامی و بی‌حرمتی قرار گیرد نمی‌تواند به راحتی در بزرگسالی دیگران را عزیز و محترم شمارد. او این تجربه را حس نکرده است. شاید او درصدد این برآید که این احترام را به زور و اجبار برای خود کسب نماید ولی چون اجبار در کار بوده است باعث آن می‌شود که دیگر افراد نسبت به او احساس خوبی نداشته باشد. گاه اتفاق می‌افتد او در مراوده‌های خویش، خود واقعی‌اش را سرکوب نماید تا به احترام دیگران دست یابد.

اگرچه در بعضی موارد این کارها موجب کسب احترام می‌شود، ولی در هر صورت احترام گذاشتن و حمایت عاطفی از چنین افرادی مشکل خواهد بود.

هفت رفتار مثبت

نیازهای اولیه عاطفی و رفتار اصولی برای ارائه مهر و محبت و دوست داشتن واقعی عبارتند از: عشق، مراقبت، شناخت، احترام، مقبولیت، ستایش، اعتماد. یک‌فرد زمانی احساس می‌کند که از نظر عاطفی به طور کامل تأمین شده است که از این هفت عنصر به حد کافی بهره برده باشد. احساساتی مانند:

رضایت، خوشحالی، شادمانی، وفاداری در پرتو تأمین این نیازها به وجود خواهند آمد.

عشق: عشق رفتاری است بین دو شخص که در آن حس یکی شدن، اتحاد و شراکت وجود داشته باشد. اگر بخواهیم بدون هیچ پیش داوری به تعریف عشق بپردازیم، باید بگوییم که زن و مرد اگرچه در نظر با یکدیگر تفاوت‌هایی دارند، ولی وجود خود را در دیگری می‌بینند. عشق از نظر عاطفی همان احساس همدلی و یکی شدن است. همان احساسی که طرف را بر آن می‌دارد که با دیگری یکرنگ و یکدل شود. از نظر جسمی عشق با ابزاری از طریق لمس کردن همراه است.

مراقبت: یعنی زمانی که شخص احساس مسئولیت کرده و وظیفه و تأمین نیازهای دیگری را برعهده خود می‌بیند. توجه بیش از حد و کوشش برای راحتی دیگری نشانه‌هایی از مراقبت است. هرچه بیشتر مراقب کسی باشیم به رفاه و آرامش او بیشتر توجه داریم و عوامل و عناصر راحتی او را در نظر گرفته و مهیا می‌کنیم. مراقبت از همسر به او ثابت خواهد کرد که برای ما عزیز و گرانقدر است.

شناخت: یعنی، بها دادن به احساسات دیگری. وقتی نسبت به کسی ادراک و شناخت داریم فرض بر این است که نباید همه چیز را در همان لحظه طلب کنیم. شخص با جمع آوری اطلاعات و دقت و تأمل روی آن می‌تواند به ادراک برسد و حرف‌هایش معنا و ارزش خاصی پیدا کند. از طریق ادراک می‌توان به

درون دیگری پی برد. اگر با زنی رفتاری همراه با ادراک و شناخت اعمال شود، نشانگر آن خواهد بود که همه چیز را از دید او می‌بینید و به باورهای وی احترام می‌گذارید.

احترام: چنانچه با فردی از در احترام وارد شویم بیانگر آن است که ما به حق، خواسته‌ها و نیازهای او اذعان داریم. البته این اعتراف نه از روی ترس، بلکه تنها به دلیل ارزش دادن صورت می‌گیرد. احترام مبین این است که شخص تا چه اندازه برای ما قابل قبول، عزیز و مهم است.

رفتار توأم با احترام باعث می‌شود که به شخصی که او را سزاوار خدمت می‌دانیم، خدمت نماییم.

ستایش: ستایش یا قدردانی به معنی آن است که زحمات و رفتار نیک دیگری را همیشه به یاد داشته باشیم و آن را تمجید نماییم. قدرشناسی واکنشی طبیعی برابر شخصی است که به ما لطفی کرده است. هرچه برای کارها و خدمات ارزش بیشتری قایل شویم، باعث می‌شود که میل و خواست کمک به دیگران در افراد بیشتر زنده شود. با قدرشناسی می‌توانیم به شخص نشان دهیم که لطف و محبت او ما را بی‌نهایت شادمان کرده است.

مقبولیت: چنانچه رفتاری از سر مقبولیت در برابر شخصی از خود بروز دهیم بیانگر این حقیقت خواهد بود که رفتار او ما را شادمان ساخته و پذیرای آن هستیم. روشن است که این پذیرش در مقابل کار منفی و نادرست صورت

نخواهد گرفت. پذیرش یعنی، شخص برای شما بسیار مهم و باارزش است. گاه پذیرش در قبال اشتباهات دیگران صورت می‌گیرد.

اعتماد: اگر به کسی اعتماد داشته باشید به منزله آن است که تمامی رفتار نیک و پسندیده او را قبول دارید و در او صفاتی همچون شرافت، صداقت، امنیت، عدالت و صمیمیت را یافته‌اید. اگرنسبت به کسی اعتماد نداشته باشید، حس خوبی هم درباره او نخواهید داشت. یک زن و شوهر هنگامی به اعتماد خواهند رسید که بدانند طرف مقابل قصد آزار و اذیت آنها را ندارد. حس اعتماد به همسر باعث می‌شود که با کمال میل درصدد تأمین نیازهای او برآیید.

دهن‌بین‌ها اختلال شخصیت دارند

از شخصیت‌های نمایشی و مرزی تا شخصیت‌های وسواسی و وابسته «شوهرم خیلی به خانواده‌اش وابسته است و اگر مادر یا خواهرش حرفی بزنند، چشم بسته قبول می‌کند.»، «همسرم خیلی دهن‌بینه وقتی با دوستاش بیرون میره یا مهمونی می‌ریم، اگر از لباسش تعریف کنن که هیچ ولی خدا نکند بگویند لباست قشنگ نیست، بهترین لباس دنیا هم که باشه دیگه نمی‌پوشه»، «خانمم خیلی چشمش به دهن مردمه، اگر یک کلمه بگن شوهرت اینجوریا اونجوریه، بلافاصله نظرش در مورد من عوض می‌شه بدون اینکه با خودم حرف بزنه.»...

حتما شما هم چنین جمله‌هایی را بارها و بارها از افراد گوناگون شنیده‌اید اما به راستی این رفتارها نشانه چیست؟ این جمله‌ها در مورد افرادی به کار می‌رود که به اصطلاح دهن‌بین یا تلقین‌پذیر هستند.

بسیاری از افراد دهن‌بین حتی خودشان هم اعتراف می‌کنند اعتمادبه‌نفس پایینی دارند و حرف‌های دیگران روی آنها تاثیر زیادی می‌گذارد. اصطلاح «دهن‌بینی» که بین مردم زیاد هم استفاده می‌شود، پایه و اساس علمی دارد و متاسفانه در زندگی مشترک تاثیرگذار و مخرب است و طرف مقابل همواره تلاش می‌کند بتواند این ویژگی همسرش را تغییر دهد اما از آنجا که چنین رفتارهایی ناشی از ویژگی‌های شخصیتی است و معمولا خود فرد از آن بی اطلاع است، تغییر آنها بسیار دشوار و گاهی غیرممکن خواهدبود.

●۴۰اختلال شخصیتی دهن‌بینان

۴ گروه شخصیتی، در مجموع قسمت عمده افراد به اصطلاح دهن‌بین را تشکیل می‌دهند و از آنجا که جزیی از خصوصیات شخصیتی آنهاست، به سادگی تغییر نمی‌کند و حتی در بسیاری از موارد خود فرد قبول ندارد که چنین ویژگی‌هایی دارد، در مشاوره پیش از ازدواج به افراد توصیه می شودیکدیگر را با همین خصوصیات فعلی بپذیرند و توقع تغییر بعد از ازدواج را نداشته باشند زیرا در بسیاری از این موارد، بهبود ویژگی «تلقین‌پذیری» به جلسه‌های منظم روان‌درمانی و خانواده‌درمانی نیاز دارد زیرا جزیی از خصوصیات شخصیتی فرد است و از بین بردن آن بسیار دشوار است. اختلالات شخصیتی زیر از رایج‌ترین مشکلات شخصیتی افراد دهن‌بین است:

▪بعضی از آنها شخصیت نمایشی دارند: شخصیت نمایشی در خانم‌ها بیشتر دیده می‌شود و تلقین‌پذیری از خصوصیات اصلی و مهم چنین شخصیت‌هایی است. هدف مهم این افراد جلب‌توجه دیگران است و برای رسیدن به این هدف، دست به هر کاری می‌زنند. انسان‌هایی با این خصوصیت شخصیتی می خواهند در هر جمعی در مرکز توجه باشند و به همین دلیل معمولا خودشان از دیگران می‌پرسند: «کفش جدیدم را دیدی؟»، «رنگ‌موهایم قشنگ شده؟»، «می‌دونی پسرم آلمانی صحبت می‌کند؟»و... این افراد پذیرش و تحمل شنیدن نظر مخالف را ندارند و در صورت شنیدن نظر مخالف مضطرب، افسرده

و حتی پرخاشگر می‌شوند. آنها حتی چیزی که خریده‌اند یا تصمیمی که گرفته‌اند با مخالفت یا کم‌توجهی دیگران عوض می‌کنند. این افراد به طور افراطی خرید می‌کنند ولی اغلب از آنچه خریده‌اند، استفاده نمی‌کنند.

- **بعضی از آنها شخصیت مرزی دارند:** از خصوصیات اصلی آنها تفکر همه یا هیچ است و تفکری به صورت صفر یا صد دارند. کسی یا چیزی را به طور کامل قبول دارند و بدون اشکال و خطا می‌دانند و ناگهان همان فرد یا موضوع را کاملا نفی می‌کنند و آن را بی‌ارزش می‌پندارند. افراد با خصوصیات شخصیت مرزی گاهی به صحبت‌ها و نظرهای دیگران کاملا بی‌اعتنا هستند و به اصطلاح حرف، حرف خودشان است و گاهی ناگهان به شدت تحت‌تاثیر نظر دیگران قرار می‌گیرند و عقیده خود را نسبت به فرد یا تصمیمی کاملا تغییر می‌دهند. این نوع شخصیت در خانم‌ها شایع است.

- **بعضی از آنها شخصیت وسواسی دارند:** این نوع شخصیت با اختلال وسواس تفاوت دارد و در مردان، به‌خصوص فرزندان اول خانواده، شایع‌تر است. ویژگی اصلی رفتاری افرادی با این نوع شخصیت، این است که می‌خواهند همه را راضی نگه‌دارند و هیچ‌کس کوچک‌ترین دلخوری یا ناراحتی از آنها نداشته باشد در حالی که چنین چیزی محال است. چنین افرادی برای انجام کارهای خود نظر دیگران را بارها و بارها جویا می‌شوند و از احساس آنها می‌پرسند و اگر تصور کنند کسی ناراحت شده یا مخالف است، برای کسب رضایت او سعی

می‌کنند و حتی تصمیم خود را تغییر می‌دهند. اگر هم چنین چیزی امکان‌پذیر نباشد، شروع به عذرخواهی می‌کنند و دچار عذاب وجدان می‌شوند. تغییر تصمیم شاید برای گروهی از اطرافیان مطلوب باشد ولی از نظر بقیه حمل بر (دهن‌بینی) می‌شود و به این شکل چرخه معیوبی به وجود می‌آید تا دل گروه بعدی را هم به دست آورد و به این شکل بازی ادامه می‌یابد. این افراد علاوه بر اینکه باعث رنجش و ناراحتی اطرافیان می‌شوند، خودشان هم آرامش ندارند و همیشه مضطرب‌اند و از این وضعیت رنج می‌برند.

بعضی از آنها شخصیت وابسته دارند: این نوع شخصیت در خانم‌ها شایع‌تر از آقایان است ولی در مردان نمود بیشتر و آزاردهنده‌تری دارد. افراد با خصوصیات شخصیتی وابسته برای اینکه حمایت فرد خاصی را از دست ندهند، دست به هر کاری می‌زنند. در شخصیت نمایشی، هدف جلب‌توجه در جمع و گروه است ولی فرد به شخص یا گروه خاصی مانند پدر و مادر یا خانواده پدری وابسته است. نمونه شایع آن مردی است که برای کسب رضایت مادر یا خانواده‌اش تلاش می‌کند و نمی‌خواهد دل آنها را بشکند. این امر معمولا اعتراض همسر را به دنبال دارد که شوهرم دهن‌بین و تحت‌تاثیر مادر و خواهرش است و نظر آنها را به نظر من ترجیح می‌دهد. این افراد اعتمادبه‌نفس پایینی دارند و همیشه نگران از دست دادن حمایت‌ها هستند.

با همسر دهن بین چگونه باید برخورد کنیم؟

افراد دهن بین افرادی هستند که در وهله اول از اعتماد به نفس ضعیف رنج می‌برند به گونه ای که اگر حتی رای و نظر خودشان در حل مسئله‌ای بجا و منطقی باشد به دلیل تردیدها و نداشتن اعتماد به نفس و تکیه به تصمیمات دیگران، ترجیح می‌دهند مطابق نظر دیگران به نتیجه‌گیری برسند.
چنین افرادی، معمولا تایید و تشویق دیگران نقش حیاتی در زندگی‌شان بازی می‌کند، وابستگی زیادی به اطرافیان‌شان دارند و ریسک‌پذیری بالایی ندارند.
فقط ویژگی های منفی را نبینید.
یکی از نکات مهم که به راحتی، ارتباط هر فرد را چه در تعاملات زوجین و چه در دوران تجرد و در مراودات فرد با همکاران، دوستان و آشنایان از بحران نجات می دهد و ارتباط او را با طرف مقابل سازنده‌تر می‌سازد، آشنایی و تسلط بر مفهوم «پذیرش» است. بر هیچ کسی پوشیده نیست که معمولا هر انسانی در کنار ویژگی‌های مثبتی که دارد از چند خصلت شخصیتی منفی نیز برخوردار است که بسیاری از زوجین تصور می‌کنند این ویژگی‌های منفی مختص به همسر خودشان است و مردان یا زنان دیگر از کمال شخصیتی برخوردارند. در چنین حالتی زن یا مرد دست به مقایسه همسر خود با دیگر مردان یا زنان می‌زند، چشم خود را بر ویژگی‌های مثبت او می‌بندد و با حساسیتی ریزبینانه از ویژگی‌های منفی همسرش فاجعه‌سازی می‌کند و باعث ایجاد مشکلات زیادی در زندگی مشترک‌شان می‌شود.

غیر مستقیم تاثیر بگذارید

چنانچه همسران به پذیرش یکدیگر دست یابند آن‌گاه دست از تلاش برای تغییریکدیگر برمی‌دارند و با پذیرش شخصیت همسر خود به همان طریقی که هست مسیر هموای را برای ایجادیک تاثیر مناسب بر روییکدیگر فراهم می آورند. واکنش قطعی و قابل پیش‌بینی افراد زمانی که از طرف همسرشان تحت فشار برای تغییر قرار می‌گیرند، نوعی گارد دفاعی، مقاومت بالا و بی‌دلیل است. هنر هر انسانی در آن است که بتواند به گونه‌ای نامحسوس وارد فضا و جو روانی طرف مقابل شود و توانمندی تاثیرگذاری غیرمستقیم را بر او داشته باشد.

تاثیرگذاری غیر مستقیم بر همسر

اگرچه بعضی همسران ادعا می‌کنند که کاری به کار همسرشان ندارند، اما به نظر می‌رسد در بعضی شرایط، تلاش خودشان را کرده‌اند همسرشان را تغییر دهند تا اصلاح شود منتها از آنجا که موفق نشده‌اند، زحماتشان بی‌نتیجه مانده است و فکر می‌کنند که هیچ‌گاه با همسرشان به تفاهم نخواهند رسید! هرچند گاهی ممکن است زن یا شوهری که تصمیم به تغییر همسرش گرفته است، فکر و تصمیمات خودش اشتباه باشد اما مطالعه راهکارهای زیر می‌تواند به حفظ رابطه مناسب زوجین برای تغییر مثبت همسر کمک کند.

آشنایی با خلق و خوی همسر

همسر خود را با تمام نقاط قوت و ضعفش بشناسید، بپذیرید و تاثیر بگذارید نه آنکه تغییر دهید. شناسایی و آشنایی با خلق و خو و ویژگی‌های مثبت و منفی همسر و همچنین پذیرش خصلت‌های منفی او در کنار نقاط قوتش، یکی از مهم‌ترین مهارت‌های حفظ روابط زوجین است. چنانچه دست از سخت گیری‌ها و تلاش برای تغییر او بردارید و همان میزان انرژی را برای تاثیرگذاری نامحسوس روی همسرتان صرف کنید، به احتمال زیاد قدرت ورود شما به فضای روانی و روحی او بیشتر خواهد شد.

حفظ آرامش و همراهی با همسر

به منظور اثرگذاری روی همسرتان با او همراه شوید. در موارد بسیاری دیده می‌شود که زوجین به جای آنکه از طریق ورود به فضای روانی همسر دهن‌بین و همراهی با او اثرگذاری خود را بیشتر کنند، دقیقا مقابل او می‌ایستند و از هیچ تلاشی برای به اثبات رساندن این امر که همسرشان دهن‌بین، وابسته و در اتخاذ تصمیمات زندگی ناتوان است، فروگذار نمی‌کنند. فراموش نکنید که اگر از ابتدا با مخالفت شروع کنید همسرتان همواره گمان می‌کند که شما هیچ وقت به درک درستی از چرایی رفتارهای او نرسیده‌اید. گاهی برای تغییر آرام یک صفت شخصیتی ناپسند به برنامه‌ریزی اصولی، گذشت زمان و حفظ آرامش در کنار همراهی با همسر احتیاج دارید تا رفته‌رفته موفق شوید او را به استقلال فکری و شخصیتی مطلوب برسانید.

انجام ندادن رفتارهای ناشی از عصبانیت

برای اثبات خود به همسرتان، اختلاف و درگیری‌های بیشتری ایجاد نکنید. در بسیاری از موارد خصوصا در برخورد با افرادی که اعتماد به نفس ضعیفی دارند و از طرفی تمام تلاش خود را می کنند تا نه تنها حقارت‌های درونی خویش را در سایه اعتماد به نفس کاذب ارتقا بخشند بلکه دست به ارزیابی و یا تحقیر ارزش‌ها و فرهنگ طرف مقابل نیز می‌زنند، بهترین راهکار این است که برای اثبات خودتان به همسرتان، رفتارهایی که نشان دهنده عصبانیت باشد، انجام ندهید.

تصمیم‌گیری با همسر دهن‌بین

در فرآیند تصمیم‌گیری، زوجین باید با یکدیگر مشارکت کنند و در نهایت تصمیم عاقلانه‌تر را اتخاذ کنند. از آنجا که افراد دهن‌بین معمولا تسلیم اراده و تصمیم‌گیری دیگران می‌شوند و گاه اتخاذ یک تصمیم که اساس و ریشه منطقی ندارد می‌تواند بنیان زندگی مشترک را متزلزل کند در نتیجه توصیه می شود به هنگام گرفتن تصمیمات مهم، به این شیوه عمل شود:

در تصمیمات شخصی دخالت نکنید

زمانی که دهن‌بینی زن یا شوهر متوجه تصمیمات شخصی‌اش می شود، مداخله‌ای نکنید و اجازه بدهید تصمیمات شخصی‌اش را به هر طریقی که

خودش صلاح می‌بیند اتخاذ کند.

در تصمیم‌گیری های مشترک گفت‌وگو کنید

زمانی که تصمیم‌گیری زن یا شوهر به زندگی دونفره‌شان برمی‌گردد، به طور قطع هر دو حق مداخله دارند و نمی‌توانند زندگی را بر پایه تصمیماتی که به صلاح آن نیست و اساس آن را ویران می‌کند، بنیان کنند. در چنین شرایطی برای اتخاذ بهترین تصمیم باید گفت و گو کرد، قاطعیت‌به خرج داد و سعی کرد تا دقیق‌ترین گزینه انتخاب شود.

چگونه یک زن قوی باشیم؟

هرگز دوست ندارم زنی ضعیف باشم. شما هم همیشه مثل من مجذوب زنان قوی و قدرتمند می‌شوید؟ شما هم دوست داریدیک زن قوی باشید ؟ خوب پس حواستان باشد که قدرت شما هم می‌تواند الهام بخش باشد و هم ویرانگر! مردانی که رضایت خاطر ناشی از مراقبت از زنان و رهبری را از دست داده‌اند باید بیش‌تر مورد توجه خانم‌ها قرار بگیرند ، زنان جنگجو بایدیاد بگیرند در خانه جنگجویی مهربان باشند .آیا شما یک زن قوی وجنگجو هستید؟

ای زنان قدرتمند: این قدرت یک جنگجوی مهربان است که موجب شادی می شود!

هیچ چیزی زنان قدرتمند را آشفته نمی‌کند. زنی سرکش، مصمم و دارای نیرویی پرشور و پر حرارت است. وقتی وظیفه‌ای دشوار و پر از چالش به وی واگذار می شود مردانه به سراغش می‌رود و اجازه نمی‌دهد مانعی جلوی کارش را بگیرد. وی نمونه زنی قوی و قدرتمند است.

اما زود قضاوت نکنید. منظورم از این قدرت پرخاشگری نیست، پرخاشگری که بی‌پروا موجب رنجش مردم شود یا ریشه در خودبینی فرد داشته باشد؛ بلکه منظورم قدرتی است که موجب ترویج و اهدای عشق به سایرین باشد نه گرفتن عشق و محبت از آن‌ها.

اگر دوست دارید شوهرتان رهبری با اعتماد به نفسی بیشتر باشد پس راه را برایش باز کنید! عامل اصلی بی‌تفاوتی مردان این است: هنگامی که می‌خواهند

اوضاع را به‌گونه‌ای هدایت کنند، همسرشان سعی می‌کند با سلطه‌جویی یا با رفتاری خوارکننده کنترل را از دست شوهرشان خارج کرده و خود اوضاع را در دست بگیرند.

اگر حق انتخاب رستوران را به شوهرتان داده‌اید پس دیگر از انتخابش گلایه نکنید و نگویید که انتخابش شما را به هیجان نمی‌آورد چون شوهرتان حداقل آنقدر شجاع بوده است که این انتخاب را بکند! مسلما بعدازظهرتان بسیار لذت بخش خواهد بود وقتی با احترام به سلیقه شوهرتان موجب تقویت و تائید شخصیتش شوید.

شما زنان قدرتمند ، خود را به جنگجویانی لطیف و با احساس تبدیل کنید تا از شادی‌ای که این رفتار در زندگی و در میان اعضای خانوادتان پخش می‌کند متعجب شوید!

برای تک‌تک شما عزیزان آرزوی لحظاتی پر از سرخوشی و شادی دارم.

دوستدار شما

پریسا نصری

سخن آخر

بسیاری از زوج‌های جوان به دلیل عدم آگاهی از نحوه صحیح برخورد با مسائل عاطفی و زناشویی بین همسران، دچار مشکلاتی می‌شوند که گاه این مشکلات به بحران‌های عظیم خانوادگی تبدیل می‌گردند. دوست داشتن و عاشق یکدیگر بودن لزوما موجب سازگاری افراد نمی‌شود. برای داشتن یک رابطه سالم و رضایت‌بخش، گفت‌وگو لازم است. زوج‌ها نباید نسبت به این مساله بی‌اهمیت باشند؛ چرا که با حرف زدن بسیاری از مشکلات و سوءتفاهم‌ها برطرف می‌شود. داشتن یک رابطه شاد و خوب کار سختی نیست. کلید موفقیت در روابط زناشویی بیان عواطف و احساسات واقعی و شفاف خود و بر زبان آوردن آنهاست. البته پیش از بیان احساسات باید خودمان از وجود آنها آگاه باشیم تا بتوانیم درباره آنها فکر کنیم. بیشتر زوج‌ها فکر می‌کنند که همیشه با هم در تماسند؛ اما واقعا چقدر زمان صرف عمیق‌تر کردن درکتان از طرف مقابل می‌کنید؟ داشتن مهارت‌های ارتباطی قوی‌یکی از عوامل موثر در کنار هم ماندن زوج‌هاست.

ارزش آرامش بسیار بیشتر از آن است که مردم فکرش را می‌کنند و متاسفانه در بیشتر زندگی‌ها آرامش وجود ندارد. آشفتگی و هرج و مرج درست در نقطه مقابل آرامش است. کسانی که وارد زندگی مشترک شده‌اند، بهتر می‌توانند این

موضوع را درک کنند. رسیدن به آرامش و احساس خوشبختی چیزی است که در تمام ازدواج‌ها در اولویت قرار دارد و اگر از اهمیت آن کاسته شود، پس از مدتی زن و شوهر احساس ناامیدی خواهند کرد. مسلما در روابط زناشویی مهم‌ترین مساله رابطه زن و شوهر با یکدیگر است. اهمیت دادن به حساسیت‌ها و نیازهای همسرتان و تلاش برای خوشحال کردن او، به استحکام و ثبات روابط شما کمک می‌کند.

به خاطر داشته باشید که زندگی خوب بدون چالش نیست مهم این است که شما بتوانید از پس تمام مسائل با کمک یکدیگر بربیایید.

امیدوارم این کتاب تا حدی به شما در این رابطه کمک کند تا بتوانید مسیر سبز زندگی تان را با تمام فراز و نشیب‌هایش با لذت طی کنید.

زندگی‌تان پایدار و سراسر شادی
پریسا نصری

◄ برای پیگیری آموزش‌های جدید و به روز ما در دنیای مجازی دنبال کنید:

www.parisanasri.com

Telegram.me/parisanasri

Instagram.com /parisa_ _nasri

در وبسایت استاد پریسا نصری عضو شوید و جهت سهولت استفاده از مطالب و ویدیوها اپلیکیشن پریسا نصری را بر روی گوشی اندروید و یا ios نصب کرده و همیشه یک دایره المعارف ارتباط را در کیف خود همراه داشته باشید.

هر جا که هستید به زن بودن‌تان افتخار کنید.

چند اثر دیگر از انتشارات

برای تهیه کتاب ها از آمازون یا وبسایت انتشارات می توانید بارکدهای زیر را اسکن کنید

kphclub.com

Amazon.com

www.ingramcontent.com/pod-product-compliance
Lightning Source LLC
Chambersburg PA
CBHW052139070526
44585CB00017B/1900
* 9 7 8 1 7 7 8 9 2 1 1 0 0 *